LA GRÂCE AU-DELÀ DU DIVORCE

« Le mariage, le divorce et le remariage dans le plan de rédemption de Dieu. »

LA GRÂCE AU-DELÀ DU DIVORCE

« *Le mariage, le divorce et le remariage dans le plan de rédemption de Dieu* »

Copyright © 2025 par **Dr Jean Héder Petit-Frère**

Tous droits réservés. Aucune partie de ce livre ne peut être reproduite, stockée dans un système de recherche ou transmise sous quelque forme ou par quelque moyen que ce soit - électronique, mécanique, photocopie, enregistrement ou autre- sans l'autorisation écrite préalable de l'éditeur, sauf dans le cas de brèves citations dans des articles critiques ou des revues.

Les citations des Écritures sont tirées de la Sainte Bible. Sauf indication contraire, les citations des Écritures sont tirées de la version King James (KJV). Les autres versions utilisées comprennent la nouvelle version internationale (NIV), la version anglaise standard (ESV) et d'autres, créditées le cas échéant.

Ce livre est destiné à être une ressource pour l'enseignement biblique et l'orientation pastorale. Il ne remplace pas un conseil professionnel, un conseil juridique ou une thérapie. Les lecteurs sont encouragés à demander des conseils appropriés pour leur situation personnelle.

Édité par : Kingdom Records Unlimited P.O. Box 560381 Orlando, FL 32856, États-Unis

Imprimé aux États-Unis d'Amérique

ISBN : 978-1-7353215-6-1

Conception de la couverture : Schneider D'Haiti
Édition : Kingdom Records Unlimited
Composition/formatage : Wadner Vilier

Tous droits réservés dans le monde entier.

TABLE DES MATIERES

Partie I	17
Les fondements de l'alliance	17
Chapitre 1	19
Le dessein originel de Dieu pour le mariage	19
Chapitre 2	27
Quand l'alliance se brise	27
Chapitre 3	43
Le divorce dans la loi de Moïse	43
Chapitre 4	55
L'enseignement de Jésus sur le divorce	55
Chapitre 5	65
L'enseignement de Paul sur le divorce	65
Partie II	75
Quand l'alliance est rompue	75
Chapitre 6	77
Sévices, négligence et violation de l'alliance	77
Chapitre 7	99
Le foyer brisé : l'impact du divorce sur les enfants, la communauté et les nations	99
Chapitre 8	117
Les autels familiaux et les malédictions générationnelles dans le mariage	117
Partie III	133
Guérison et restauration	133
Chapitre 9	135
Questions du remariage	135
Chapitre 10	145
Les limites, le pardon et la restauration	145
Chapitre 11	159
Le rôle de l'Église en tant que communauté de guérison	159

Chapitre 12	171
Questions et objections que les gens posent au sujet du divorce et du remariage	171
Chapitre 13	177
La guérison après le divorce: le renouveau personnel, spirituel et relationnel	177
Chapitre 14	183
Reconstruire sa vie et son but après le divorce	183
Partie IV	203
Mot de la fin	203

DÉDICACE

À CHAQUE HOMME ET À chaque femme qui ont pleuré en silence, les yeux remplis de larmes que personne n'a vues. À chaque enfant pris dans la tempête des vœux brisés ! À chaque pasteur qui s'est senti discrètement disqualifié par des opinions populaires, souvent mal formées ! À chaque croyant qui a dû supporter les murmures du jugement plutôt que les paroles de grâce ! À tous ceux qui luttent encore dans un mariage devenu une prison sans promesse de changement ! À ceux qui ont perdu de précieuses années dans une relation brisée faute de lumière, de vérité ou de révélation ! Aux veufs en esprit, mais pas en droit ! À ceux qui ont été abandonnés dans leur corps ou dans leur cœur ! Aux honteux, aux blessés, aux marqués et aux réduits au silence ! Aux fidèles qui se sont battus de toutes leurs forces mais ont tout de même perdu ! À ceux qui, fatigués, se demandent s'ils connaîtront un jour la joie... Ce livre est pour vous.

Puissiez-vous découvrir que la grâce est plus grande que l'échec, que la rédemption est plus forte que le regret, que vos cicatrices peuvent devenir des témoignages et que le Dieu de l'alliance demeure également le Dieu de la restauration !

Remerciements

D'ABORD ET AVANT TOUT, JE rends gloire et honneur au Seigneur Jésus-Christ, l'Époux qui ne rompt jamais l'alliance, et au Saint-Esprit qui m'a porté à travers chaque page de cette œuvre. Sans Sa grâce, Sa révélation et Sa miséricorde, ce livre ne paraîtrait pas.

À mon épouse bien-aimée, Marcia Elaine, et à nos enfants-Sara et son mari, Junior ; Jason, Anne **et** Matthieu-vous êtes mes plus grandes bénédictions terrestres ! Merci pour votre patience, vos encouragements et votre foi inébranlable dans l'appel que Dieu a placé sur ma vie. Ce livre porte vos empreintes digitales, car votre amour et vos sacrifices ont été la toile de fond silencieuse de chaque mot.

À ma famille élargie et à ma famille spirituelle à travers Haïti, le Canada et les États-Unis : vous avez été à la fois la terre et la graine de ce message. Vos témoignages, vos luttes et votre foi m'ont façonné et, plus que jamais, je ne saurais ne pas l'exprimer.

À mes collègues pasteurs, dirigeants et bergers, dont plusieurs portent des douleurs cachées, des questions sans réponse et des fardeaux silencieux : certains d'entre vous se sont sentis disqualifiés par les opinions mal informées des autres. Votre courage et votre persévérance m'ont inspiré à parler dans le silence. Ce livre est un hommage à votre fidélité.

Aux innombrables hommes et femmes qui ont partagé leurs histoires avec moi au fil des ans - lors de séances de conseil, sur les bancs d'église, pendant des appels nocturnes ou dans des conversations chuchotées après les services -, vos larmes ont arrosé ces pages. Vos questions, votre honnêteté et même votre silence m'ont donné la conviction d'écrire. Merci de m'avoir fait confiance dans vos moments de rupture !

À ceux qui, tout en portant leurs propres blessures, ont encore choisi de consoler les autres, d'intercéder pour eux et de se rendre disponibles comme vases de réconfort, vous êtes les héros cachés de la foi. Vous incarnez le Christ, le Guérisseur blessé, qui a porté nos douleurs tout en portant les siennes. Votre sacrifice a soutenu bien des âmes à travers leurs tempêtes et a laissé une empreinte invisible mais éternelle sur cette œuvre.

À ceux qui vivent encore dans l'ombre de mariages qui n'ont pas guéri, qui ont l'impression d'avoir gaspillé des décennies sans révélation, ou qui livrent chaque jour des batailles silencieuses, sachez que votre persévérance est vue du ciel.

À ceux qui luttent contre des forces invisibles, qui mènent la guerre contre des bastions spirituels, des modèles générationnels, des pressions culturelles ou des attaques incessantes de l'ennemi, votre combat n'est pas passé inaperçu. Votre endurance, même dans la faiblesse, est un témoignage que l'enfer ne peut effacer. Que ce livre vous rappelle que vous ne combattez pas seuls et que le Dieu de l'alliance se bat pour vous !

Enfin, je rends grâce pour tous les intercesseurs, amis et partenaires dans le ministère qui se sont tenus à mes côtés, m'ont encouragé et ont prié tout au long de ce projet. Votre fidélité est un don que je ne prendrai jamais à la légère.

Ce livre n'est pas simplement l'œuvre de la plume d'un homme, mais le fruit de nombreuses vies, de nombreuses voix et par-dessus tout, de la grâce implacable de Dieu. À chacun d'entre vous, je dis du fond du cœur : **merci** !

PRÉFACE

LE DIVORCE EST L'UNE DES réalités les plus douloureuses de notre époque. Elle touche profondément les familles, les communautés et les nations. Cela soulève des questions difficiles : *Dieu permet-il le divorce ? Qu'en est-il de la maltraitance, de la négligence ou de l'abandon ? Le remariage est-il possible et, si oui, quand ? Quel rôle l'Église joue-t-elle dans l'accompagnement des divorcés et des remariés ?*

Pendant trop longtemps, l'Église a souvent oscillé entre deux extrêmes : un légalisme sévère qui n'offre aucune compassion ou une permissivité insouciante qui ignore la norme de Dieu. Les deux déforment le cœur de Dieu. Il est le Dieu qui respecte l'alliance et qui défend la sainteté, mais il est aussi le Rédempteur qui panse ceux qui ont le cœur brisé.

Ce livre est une tentative de marcher sur la route étroite entre ces deux extrêmes : honorer la haute vision de Dieu sur le mariage tout en étendant sa miséricorde à ceux qui sont marqués par le divorce. Mais c'est aussi plus qu'un livre sur le mariage et le divorce. C'est un appel prophétique à reconnaître les autels familiaux cachés et les malédictions générationnelles qui sabotent souvent les relations à notre insu. À moins que ces racines spirituelles ne soient traitées, beaucoup répéteront des cycles de rupture à travers les générations.

Ce que vous tenez entre vos mains n'est pas seulement une étude théologique, mais aussi un manuel de guérison et un guide prophétique. Il est écrit pour les pasteurs et les dirigeants qui conseillent le peuple de Dieu, pour les croyants aux prises à des questions douloureuses, pour les couples qui cherchent à construire des mariages sur le Rocher et pour ceux qui ont besoin de restauration après qu'une alliance a été rompue.

Ma prière est que, en lisant, vous entendiez à la fois la vérité qui libère et la grâce qui guérit. Puisse cette œuvre apporter de la clarté là où il y a de la confusion, de l'espoir là où il y a du désespoir et du courage là où il y a de la peur !

Introduction

Pourquoi devons-nous parler de divorce et des autels familiaux aujourd'hui ?

Nous vivons dans un monde où le mariage est assiégé. Les taux de divorce augmentent, même parmi les croyants. Les foyers qui devraient être des refuges deviennent souvent des lieux de douleur. Les enfants grandissent avec des cicatrices invisibles, et les nations s'effondrent sous le poids des familles brisées.

Mais derrière ces luttes visibles se cache une bataille invisible. De nombreux mariages ne sont pas seulement fragilisés par la faiblesse humaine, mais aussi attaqués par des autels spirituels et des malédictions générationnelles. Des cycles répétés d'infidélité, de rejet, d'abus, de dépendance ou de pauvreté réapparaissent dans les lignées familiales. Un homme jure de ne jamais devenir comme son père violent, mais, des années plus tard, sa femme porte les mêmes blessures que sa mère. Une femme rêve de stabilité, mais choisit encore des partenaires qui reproduisent l'instabilité de son enfance. Ce ne sont pas des coïncidences : ce sont des autels familiaux qui crient encore, jusqu'à ce que quelqu'un les affronte en Christ.

C'est pourquoi le divorce ne peut être abordé seulement comme une question juridique ou morale. Il doit être traité comme une question d'alliance et d'autel. Ignorer les racines spirituelles, c'est ne traiter que la surface. Mais si nous affrontons les autels, nous pouvons apporter la véritable délivrance et la restauration.

Dans ce livre, nous allons :

1. **revenir** au dessein originel de Dieu pour le mariage ;
2. **étudier** ce que la Bible dit réellement sur le divorce et le remariage;
3. **dénoncer** les autels familiaux cachés qui détruisent les relations ;
4. **équiper** les pasteurs et les dirigeants pour guider avec sagesse ;
5. **offrir** la guérison, l'espoir et la restauration à ceux qui portent les marques du divorce.

Ce n'est pas un livre de condamnation, mais de rédemption. Ce n'est pas un livre d'opinions humaines, mais de vérité biblique et de perspicacité prophétique. C'est avant tout un livre d'espérance, car même si des alliances peuvent être rompues, Dieu reste capable de guérir, de restaurer et de donner la beauté pour les cendres.

PARTIE I

Les fondements de l'alliance

CHAPITRE 1

LE DESSEIN ORIGINEL DE DIEU POUR LE MARIAGE

Un modèle divin : redécouvrir les fondements sacrés du mariage

Avant de pouvoir parler de divorce, de remariage ou d'autels familiaux, nous devons d'abord revenir au commencement. Car, sans comprendre le dessein originel de Dieu, nous ne pouvons pas saisir la tragédie du divorce, ni entrevoir l'espérance de la restauration.

Dès les premières pages de la Genèse, Dieu révèle que le mariage n'est pas une invention humaine, mais une alliance divine, une image de Son propre cœur. Le divorce, dès lors, n'est pas seulement une rupture entre deux personnes, mais une blessure dans l'ordre même de la création. Pourtant, là où le péché a détruit, la grâce peut rebâtir.

LE MARIAGE : UNE IDÉE DE DIEU, NON DE L'HOMME

Le mariage n'a pas été inventé par la culture, ni imposé par la religion. Il est né dans le cœur de Dieu. Dans les premiers chapitres de la Genèse, bien avant qu'il n'y ait péché, douleur ou rupture, Dieu déclara :

« Il n'est pas bon que l'homme soit seul ; je lui ferai une aide qui soit son vis-à-vis. » *(Genèse 2:18)*

Adam avait la communion avec Dieu, l'autorité sur la création et la liberté du jardin d'Éden, mais quelque chose demeurait incomplet. Dieu vit ce qu'Adam ne pouvait exprimer : l'homme a été créé pour la compagnie de l'alliance. Alors Dieu forma Ève - non pas de la poussière comme Adam, mais de la côte, symbole de proximité et d'unité : « os de mes os, chair de ma chair » (Genèse 2:21–23).

Ce geste divin n'était pas seulement un acte biologique, mais une prophétie. En retirant la femme de l'homme et en la ramenant ensuite à lui dans l'alliance, Dieu révélait le mystère du mariage : la réunion de ce qui avait été séparé, deux devenant à nouveau un seul être.

Le mariage, ainsi conçu, n'est pas une institution sociale, mais un mystère sacré, une image de l'amour de Dieu et de son dessein de réconciliation.

LA DIMENSION DE L'ALLIANCE

Genèse 2:24 nous en donne le fondement :

« C'est pourquoi l'homme quittera son père et sa mère, s'attachera à sa femme, et ils deviendront une seule chair. »

Nous voyons ici trois piliers de l'alliance divine :

1. **Quitter** - un changement de loyauté : l'homme (et la femme) laisse derrière lui la dépendance envers ses parents pour se tourner vers son conjoint.

2. **S'attacher** - un engagement durable, une union ferme, semblable à deux morceaux de bois liés de façon permanente.
3. **Devenir une seule chair** -une communion totale, qui dépasse l'intimité physique pour inclure l'union émotionnelle, spirituelle et l'alliance devant Dieu.

Le mariage est donc bien plus qu'une romance, plus qu'un partenariat et plus qu'un contrat. C'est une alliance sacrée, scellée devant Dieu et par Dieu lui-même.

Comme le rappelle **Malachie 2:14**, Dieu est témoin de cette alliance : « L'Éternel a été témoin entre toi et la femme de ta jeunesse. »

Ainsi, le mariage n'est pas seulement un engagement entre un homme et une femme, mais une alliance à trois - entre eux et Dieu.

LE CHRIST ET L'ÉGLISE : LE MODÈLE ULTIME

L'apôtre Paul révèle dans Éphésiens 5:31-32 la dimension spirituelle du mariage : « C'est pourquoi l'homme quittera son père et sa mère pour s'unir à sa femme, et les deux deviendront une seule chair. Ce mystère est grand : je parle du Christ et de l'Église. » Ainsi, le mariage n'a jamais été simplement une affaire d'Adam et Ève, ni même une union purement humaine. Depuis le commencement, il était destiné à refléter une réalité bien plus grande : celle du Christ, l'Époux, et de son Épouse, l'Église. Tout comme le Christ a quitté la gloire du Père pour conquérir son Épouse, l'homme quitte sa famille pour s'attacher à sa femme. De même, comme le Christ demeure fidèle à son Église, le mari est appelé à la fidélité, à l'amour sacrificiel et à la protection. Enfin, de même que le Christ et son Église sont unis dans un seul corps, le mari et la femme deviennent une seule chair, symbole vivant de cette union divine.

Le mariage est donc bien plus qu'un engagement personnel : il est une prophétie vivante. Lorsqu'un couple marche dans l'amour, la fidélité et l'unité, il proclame silencieusement l'Évangile au monde. Chaque mariage florissant devient un miroir du Christ et de son Église, une prédication sans paroles de la grâce et de la rédemption. Mais lorsqu'un mariage se brise, c'est l'image même du Christ et de son Épouse qui est altérée. Voilà pourquoi le mariage doit être honoré, protégé et vécu avec révérence — non seulement pour le bonheur des époux, mais pour la gloire de Dieu.

POURQUOI DIEU DÉTESTE-T-IL LE DIVORCE ?

Dans Malachie 2:16, Dieu déclare sans détour : « Je déteste le divorce. » Pourquoi un langage aussi fort ? Parce que le divorce n'est pas un simple échec relationnel, mais une rupture d'alliance. Il déchire ce que Dieu a uni, détruisant l'unité qu'Il a lui-même bénie. Le prophète Malachie décrit cette séparation comme un acte de violence spirituelle, disant que celui qui répudie sa femme « couvre son vêtement de violence ». Le divorce laisse derrière lui des cicatrices profondes -non seulement sur les conjoints, mais aussi sur les enfants, les familles et les générations futures. Et parce que le mariage est appelé à refléter la fidélité du Christ envers son Église, le divorce devient un faux témoignage, une distorsion du miroir sacré de l'amour divin.

Pourtant, il est essentiel de comprendre que Dieu ne déteste pas les personnes divorcées. Sa colère vise la blessure, non les blessés. Il hait le divorce à cause de la douleur qu'il inflige à Ses enfants, mais Son cœur demeure tourné vers ceux qui souffrent. Sa haine du divorce est, en réalité, une manifestation de Son amour protecteur : Il déteste ce qui détruit, parce qu'Il aime profondément ceux qui sont détruits. Là où le divorce a laissé des ruines, Sa grâce offre encore la guérison, la rédemption et un nouveau commencement.

LA DIMENSION SPIRITUELLE DU MARIAGE

Depuis le commencement, Satan s'attaque au mariage, car il sait que c'est la première alliance humaine établie par Dieu et le fondement même de toute société. Détruisez le mariage, et vous affaiblissez la famille ; détruisez la famille, et vous désintégrez la nation. En Éden, l'ennemi n'a pas d'abord cherché à renverser un trône ou à bâtir une idéologie : il a cherché à briser une alliance. En tentant Ève, il visait à semer la désunion entre l'homme, la femme et Dieu. Aujourd'hui encore, il poursuit la même stratégie, s'attaquant aux foyers à travers l'infidélité, la négligence, la violence, la division ou encore les autels spirituels cachés qui lient certaines lignées familiales.

Ainsi, de nombreux couples se retrouvent prisonniers de cycles qu'ils n'ont pas créés-schémas répétitifs de rejet, de trahison ou de divorce -hérités de générations précédentes. Ces luttes ne sont pas toujours naturelles : elles sont souvent le fruit de batailles spirituelles enracinées dans les familles. Nous approfondirons cette réalité au chapitre 3, mais retenons dès maintenant une vérité essentielle : le mariage n'est pas seulement une relation émotionnelle ou juridique, c'est aussi un champ de bataille spirituel, où l'unité des époux devient une arme puissante contre les ténèbres.

ILLUSTRATION PRATIQUE

J'ai un jour accompagné un couple qui s'aimait sincèrement, mais dont chaque désaccord tournait à la confrontation. Les querelles semblaient surgir de nulle part, comme si quelque chose de plus profond alimentait leur tension. Pendant un temps de prière, le Seigneur révéla que tous deux portaient l'héritage de générations de mariages brisés : le père de l'un avait abandonné sa mère, tandis que les parents de l'autre avaient divorcé après des années d'amertume et de silence. Ni l'un ni l'autre ne voulait reproduire ces modèles, pourtant ils se retrouvaient, sans le savoir, prisonniers des mêmes schémas spirituels.

C'est lorsque le couple décida de renoncer à ces autels familiaux dans la prière et d'ériger ensemble un autel de louange et de communion dans leur foyer que la paix commença à s'installer. Leur mariage ne devint pas parfait du jour au lendemain, mais le cycle de destruction fut brisé. Ce changement tangible illustre une vérité profonde : comprendre le dessein de Dieu pour le mariage, c'est discerner là où l'ennemi a perverti l'alliance -et découvrir comment le Christ, par sa grâce, peut la restaurer.

QUESTIONS DE RÉFLEXION

1. En quoi le fait de voir le mariage comme une alliance (et pas seulement comme un contrat) change-t-il votre perspective ?
2. De quelles manières votre mariage reflète-t-il le Christ et l'Église et dans quels domaines a-t-il des difficultés ?
3. Voyez-vous des modèles de votre lignée familiale qui peuvent encore affecter vos relations aujourd'hui ?

DÉCLARATION

Je déclare que le mariage est l'alliance de Dieu et non l'idée de l'homme. Je respecterai l'alliance du mariage comme une représentation du Christ et de son Église. Je ne suis pas d'accord avec les tendances générationnelles du divorce, de l'infidélité et du rejet. Ma famille ne reconstruira pas les anciens autels ; au lieu de cela, nous construirons un nouvel autel d'alliance et d'adoration en Christ.

PRIÈRE

Père, merci d'avoir conçu le mariage comme une alliance et pas seulement comme un contrat. Pardonnez-nous si nous l'avons traité à la légère. Seigneur, expose les autels cachés dans nos familles qui font la guerre à nos relations. Aide-nous à marcher dans l'unité, l'amour et la fidélité de l'alliance qui reflètent le Christ et son Église. Que nos

mariages prêchent l'Évangile sans paroles, Te rendant gloire et espoir à un monde brisé. Au nom de Jésus, amen.

CONCLUSION

Le dessein originel de Dieu pour le mariage révèle que cette union n'est pas une invention humaine, mais une alliance sacrée, reflet de l'amour et de la fidélité du Christ envers son Église. Dès la création, Dieu a voulu que l'homme et la femme vivent dans une communion profonde, spirituelle et indissoluble, fondée sur l'amour, le respect et la responsabilité mutuelle. Le mariage est donc bien plus qu'un contrat : il est un engagement divin qui unit deux êtres en une seule chair sous le regard de Dieu. Lorsqu'il est vécu selon ce modèle céleste, il devient un témoignage vivant de la grâce, de la réconciliation et de la puissance de Dieu à restaurer ce que le péché a brisé. Ainsi, honorer le mariage, c'est honorer Dieu lui-même en bâtissant un foyer où Sa présence demeure le centre et la source de toute bénédiction.

CHAPITRE 2

QUAND L'ALLIANCE SE BRISE

Vœux brisés : comprendre les conséquences des promesses non tenues

L E MARIAGE A ÉTÉ CRÉÉ au paradis, dans la pureté du dessein divin. Le divorce, lui, est né dans la rupture, fruit de la chute et de la dureté du cœur humain. Il n'a jamais fait partie du plan originel de Dieu, mais la Parole reconnaît sa réalité dans un monde marqué par le péché. Comprendre le divorce exige donc de discerner à la fois la permission divine accordée par la miséricorde et la dureté humaine qui en est souvent la cause.

Le divorce demeure un sujet douloureux, car il touche à ce que Dieu a uni : les cœurs, les familles et les promesses. Il provoque des blessures visibles et invisibles, des cicatrices dans les âmes et des fractures dans les générations. C'est pourquoi il doit être abordé avec sensibilité, sagesse et compassion, à la lumière de la Parole de Dieu. En explorant les Écritures, nous découvrirons que le divorce, loin d'être une solution idéale, est une concession divine face à la fragilité humaine - une porte que Dieu n'a pas voulue, mais qu'Il a tolérée pour protéger les plus vulnérables.

La première mention du divorce apparaît dans **Deutéronome 24:1-4**. Dieu, par l'intermédiaire de Moïse, n'en fait pas un commandement, mais en fixe des limites. Deux principes s'en dégagent :

1. un certificat écrit, garantissant à la femme un droit de preuve et de
2. dignité ;
3. l'interdiction de reprendre une épouse divorcée après un second mariage, pour éviter que le mariage ne devienne un simple contrat d'échange.

Par cette loi, Dieu plaçait des garde-fous autour d'une pratique déjà présente, non pour l'encourager, mais pour en restreindre les abus. Il cherchait à rappeler que le mariage est une alliance sacrée, non un arrangement humain que l'on rompt à la légère. Le divorce, dans ce contexte, visait davantage à préserver la justice qu'à rompre l'alliance.

Plus tard, Jésus viendra clarifier cette tension dans **Matthieu 19:8** en déclarant

: « C'est à cause de la dureté de votre cœur que Moïse vous a permis de répudier vos femmes ; mais au commencement, il n'en était pas ainsi. »

Ces paroles révèlent deux vérités majeures : d'une part, le divorce est souvent le fruit d'un cœur endurci, incapable de pardon ou de réconciliation ; d'autre part, il n'a jamais été conforme au dessein original de Dieu, qui voulait que le mariage soit une union indissoluble fondée sur la fidélité, la patience et la grâce.

Le divorce, pourrait-on dire, est une sortie de secours que Dieu a permise dans sa compassion, tout en espérant que ses enfants n'auront jamais à l'utiliser. Son désir reste que les couples apprennent à affronter les tempêtes ensemble, à guérir les blessures par le dialogue et le pardon, et à chercher en Lui la force de restaurer l'alliance.

Ainsi, même si les vœux peuvent être brisés, la grâce de Dieu demeure plus forte que la rupture. Car le Dieu des alliances est aussi le Dieu de la restauration - celui qui transforme les cendres en beauté et fait refleurir l'espérance là où l'amour semblait perdu.

POURQUOI DIEU L'A-T-IL PERMIS ?

Dans l'Évangile, selon Matthieu 19 :8, Jésus répond directement à une question cruciale que les pharisiens lui posaient au sujet du divorce : « C'est à cause de la dureté de votre cœur que Moïse vous a permis de répudier vos femmes ; mais au commencement, il n'en était pas ainsi. »

Cette parole de Christ résume toute la tension entre la volonté parfaite de Dieu et la réalité brisée du cœur humain. Le divorce n'a jamais été le plan divin, mais une tolérance temporaire, une porte de miséricorde ouverte à cause de la souffrance et du péché.

LA DURETÉ DU CŒUR

Jésus identifie la racine du problème : la dureté du cœur. Un cœur dur est un cœur qui refuse d'aimer, de pardonner ou d'écouter Dieu. C'est un esprit têtu, orgueilleux, blessé ou impénitent, qui préfère la rupture à la réconciliation. Quand la cruauté, la trahison ou l'indifférence remplacent la tendresse et la fidélité, l'alliance s'effondre.

Dieu n'a jamais voulu que le mariage devienne un champ de bataille, mais une alliance de grâce. Pourtant, quand les cœurs s'endurcissent, l'amour s'éteint, la communication s'effrite et la confiance disparaît. Le divorce devient alors la conséquence tragique d'un cœur fermé à la repentance.

Le Seigneur invite les couples à un autre chemin -celui du pardon et de la transformation. Il ne s'agit pas d'ignorer les blessures, mais de permettre à l'Esprit de Dieu de guérir les fractures intérieures. Chaque couple peut choisir entre durcir son cœur ou l'ouvrir à la grâce. Ceux qui décident de guérir ensemble plutôt que de fuir honorent le caractère sacré du mariage et découvrent la puissance restauratrice de Dieu.

« DÈS LE COMMENCEMENT, IL N'EN A PAS ÉTÉ AINSI »

Ces paroles de Jésus nous ramènent à l'Éden, là où Dieu a uni l'homme et la femme dans une alliance parfaite. Avant le péché, il n'y avait ni rupture, ni domination, ni méfiance : seulement une union de complémentarité et d'amour. Le divorce est apparu plus tard, comme un symptôme du péché et de la séparation spirituelle entre Dieu et l'homme.

Dans le dessein de Dieu, le mariage devait être une alliance de vie, un lien éternel tissé de confiance, de pardon et de fidélité. Mais le péché a introduit la division, la peur et l'orgueil. Ainsi, lorsque Jésus dit qu' « *il n'en a pas été ainsi dès le commencement* », Il rappelle que la vraie solution ne réside pas dans la législation, mais dans la restauration du cœur.

LE DIVORCE COMME SORTIE DE SECOURS

Le divorce, dans la perspective biblique, peut être comparé à une sortie de secours que Dieu a ouverte par compassion envers l'humanité déchue. Connaissant la fragilité du cœur humain et la douleur des relations brisées, Il a permis cette issue non pas pour la banaliser, mais pour prévenir des drames encore plus destructeurs. Dieu savait que les cœurs blessés par le péché ne supporteraient pas toujours le poids de l'alliance. Pourtant, cette porte n'a jamais été conçue comme une voie facile d'évasion, mais comme une mesure exceptionnelle de miséricorde.

Dans son amour, Dieu préfère la réconciliation à la séparation, la restauration à la fuite. Son désir demeure que ses enfants apprennent à réparer plutôt qu'à rompre, **à** pardonner plutôt qu'à accuser, **à** prier plutôt qu'à fuir. Le mariage, selon le dessein divin, n'est pas un lieu de perfection, mais un espace de sanctification où deux cœurs apprennent à se modeler mutuellement sous le regard de Dieu. Le divorce devient tragique lorsqu'il est utilisé comme une échappatoire au lieu d'être un dernier recours. Il rappelle que la miséricorde divine est réelle, mais qu'elle n'annule jamais la sainteté de l'alliance.

Dans cette perspective, Dieu se révèle à la fois comme le Juge juste et le Père compatissant : juste, parce qu'Il appelle à la fidélité et condamne la trahison de l'alliance ; compatissant, parce qu'Il comprend la souffrance des cœurs meurtris et ne les rejette pas. Le divorce, dans le plan divin, n'est donc ni une approbation ni une condamnation absolue, mais une concession de grâce dans un monde brisé. L'objectif de Dieu n'est pas de punir les fautes, mais de restaurer les âmes et de guérir ce que le péché a détruit.

LE DÉBAT RABBINIQUE : HILLEL CONTRE SHAMMAÏ

À l'époque de Jésus, le divorce était un sujet de vifs débats parmi les maîtres juifs qui cherchaient à interpréter **Deutéronome 24:1** : « Si un homme prend une femme et l'épouse, et qu'il trouve en elle quelque indécence, il lui écrira une lettre de divorce et la renverra de sa maison. »

Deux grandes écoles s'affrontaient :

- **Rabbi Shammaï**, représentant une interprétation stricte, enseignait que le terme « indécence » (*ervah* en hébreu) faisait exclusivement référence à **l'immoralité sexuelle**. Pour lui, le divorce ne devait être envisagé qu'en cas de rupture grave et

objective de l'alliance conjugale.
- **Rabbi Hillel**, plus libéral, affirmait que toute raison, même insignifiante, comme un plat mal cuisiné, pouvait justifier la répudiation. Cette lecture permissive, plus populaire, facilitait le divorce et banalisait l'alliance.

La plupart des hommes de l'époque suivaient la voie facile d'Hillel. Mais lorsque les pharisiens interrogèrent Jésus sur ce sujet, Il choisit la voie étroite de la vérité.

« Quiconque divorce de sa femme, sauf pour cause d'immoralité sexuelle, et en épouse une autre, commet un adultère » (Matthieu 19:9).

En prononçant ces paroles, Jésus restaure le cœur de la loi. Il ne vient pas abolir la miséricorde, mais en rappeler les limites. Le mariage, enseigne-t-Il, n'est pas un contrat temporaire que l'on rompt à sa convenance, mais une alliance sainte, scellée par Dieu Lui-même.

Ainsi, le Christ rétablit la vérité originelle : divorcer n'est jamais un droit, mais une blessure de l'alliance. Là où la société cherche des échappatoires, Dieu appelle à la fidélité. Là où la culture banalise la séparation, le Royaume de Dieu célèbre la persévérance.

Ce message, à la fois exigeant et plein de grâce, nous rappelle que le mariage demeure un reflet du lien éternel entre le Christ et son Église, un amour qui ne renonce jamais.

LA VIOLENCE DE L'ALLIANCE ROMPUE

Le prophète **Malachie 2 :13-16** expose avec puissance la gravité spirituelle du divorce : « L'Éternel a rendu témoignage entre toi et la femme de ta jeunesse, à qui tu as été infidèle... Car celui qui répudie sa femme couvre son vêtement de violence, dit l'Éternel des armées. » Cette parole prophétique révèle que, pour Dieu, le divorce n'est pas une simple séparation administrative, c'est une violence spirituelle. Pas nécessairement la violence physique des coups ou des cris, mais celle du cœur et de l'alliance - une rupture intérieure qui déchire ce que Dieu lui-même a uni. Le divorce blesse les conjoints, brise la confiance, déstabilise les enfants et affaiblit la société tout entière. Chaque fois qu'une alliance s'effondre, c'est une promesse sacrée qui se désagrège et un morceau du tissu social qui se déchire.

Dans sa sagesse, Malachie ne parle pas ici d'un simple manquement conjugal, mais d'un acte spirituellement violent, une trahison du pacte divin du mariage. En décrivant l'homme qui « couvre son vêtement de violence », il illustre la souillure morale et spirituelle qu'entraîne la rupture d'alliance. C'est comme si le divorce laissait une tache indélébile sur la conscience et sur la société.

LE DIVORCE COMME ACTE DE VIOLENCE SPIRITUELLE

Aux yeux de Dieu, rompre une alliance matrimoniale revient à détruire une œuvre qu'Il a Lui-même bénie. Le mariage est une union à trois : l'homme, la femme et Dieu. Ainsi, lorsque l'alliance est brisée, Dieu lui-même en est témoin et en ressent la douleur. Ce n'est pas un contrat humain, mais une réalité spirituelle scellée par la fidélité divine.

Le divorce est violent pour le conjoint abandonné, qui vit le rejet comme une blessure identitaire. Il est violent pour les enfants, qui perdent la stabilité d'un foyer d'amour et doivent souvent porter, en silence, le poids d'un conflit qu'ils n'ont pas provoqué. Et il est violent pour la société, car les nations fortes reposent sur des familles solides. Lorsque les mariages s'effritent, c'est toute la communauté qui s'affaiblit : l'amour s'éteint, la confiance sociale s'érode, la justice devient fragile.

C'est pourquoi Malachie nous appelle à honorer nos engagements et à traiter nos relations avec respect et humilité. Chaque mariage fidèle renforce le monde ; chaque rupture non guérie le fragilise.

LA DURETÉ DE CŒUR À NOTRE ÉPOQUE

Le cœur humain est resté le même depuis l'époque de Moïse. Jésus lui-même l'a dit : « C'est à cause de la dureté de votre cœur que Moïse vous a permis de répudier vos femmes » (Matthieu 19:8).

La dureté de cœur demeure la cause profonde de nombreux divorces modernes. Elle prend des formes variées : égoïsme, orgueil, indifférence, amertume, manque de pardon. Elle empêche la communication, étouffe la compassion et transforme le foyer en champ de bataille.

LE MARI QUI SE DÉTOURNE

Un mari peut refuser de se repentir de ses fautes, s'enfermant dans la pornographie, la colère ou la négligence émotionnelle. Sa femme, blessée et rejetée, se referme peu à peu. Cherchant à combler le vide affectif, elle peut, à son tour, glisser vers l'infidélité. Leur amour devient un champ de ruines ; les enfants, témoins impuissants, grandissent dans la confusion et la douleur. Le cycle de la blessure se répète, génération après génération, tant qu'aucun des deux ne se tourne vers la guérison que Dieu offre.

L'ÉPOUSE AMÈRE

Une femme peut nourrir des rancunes non exprimées jusqu'à ce que l'amertume empoisonne l'amour. Le mari, incapable de comprendre cette froideur, s'enferme dans la culpabilité et la colère. Bientôt, la maison devient un espace saturé de tension. Les enfants respirent un climat de haine déguisée en silence. Et là où la tendresse devrait régner, ce sont la méfiance et le ressentiment qui s'installent. Pourtant, l'amertume n'est pas une fatalité. Lorsqu'un couple choisit le pardon et la confession, Dieu peut transformer un foyer brisé en témoignage vivant de rédemption.

LE REFUS DE L'AIDE

Beaucoup de couples traversent des tempêtes silencieuses sans jamais tendre la main. Ils préfèrent souffrir dans le secret plutôt que d'exposer leur fragilité. Par peur de la honte, du jugement ou de la rumeur, ils s'enferment dans le silence et choisissent de préserver les apparences plutôt que de rechercher la guérison. Mais le silence n'a jamais guéri personne. Il étouffe les cris du cœur, alimente les malentendus et transforme les blessures en infections spirituelles.

Le refus d'aide est souvent le premier pas vers l'échec. Lorsqu'un couple s'isole, il coupe le canal par lequel Dieu voulait envoyer la consolation, le conseil ou la correction. L'Écriture nous rappelle : « Là où il n'y a pas de direction, le peuple tombe ; mais le salut réside dans le grand nombre des conseillers » (Proverbes 11:14).

Dieu, dans sa sagesse, a placé autour de nous des pasteurs, des amis mûrs dans la foi, des mentors spirituels et même des professionnels chrétiens capables d'aider les couples à retrouver le chemin du dialogue. Refuser leur accompagnement, c'est comme rejeter la main de Dieu tendue vers eux. C'est dire, inconsciemment : « Nous n'avons besoin de personne. » Alors que, même Adam, dans le jardin parfait, avait besoin d'une aide.

Souvent, derrière ce refus se cache un orgueil déguisé en indépendance. On ne veut pas admettre que l'on souffre ni que notre mariage chancelle. Pourtant, la vulnérabilité est une force. Ceux qui acceptent d'être accompagnés ne démontrent pas une faiblesse, mais une maturité spirituelle : celle d'un cœur humble qui reconnaît que Dieu parle parfois à travers les autres.

L'aide extérieure n'est pas une intrusion, mais une bénédiction. Elle ouvre les yeux sur ce que l'on ne voit plus, redonne espoir là où il ne restait qu'un murmure. Refuser l'aide, c'est prolonger la douleur. Mais accepter de recevoir, un conseil, une prière, une main tendue, c'est déjà commencer à guérir.

L'ORGUEIL : LE POISON DU PARDON

L'orgueil est l'un des plus grands obstacles à la réconciliation. Il empêche les conjoints de reconnaître leurs fautes, de demander pardon ou de tendre la main. Pourtant, le pardon est l'antidote divin à la douleur et à la trahison. Il brise les chaînes du passé, désarme la honte et ouvre la voie à la guérison. Là où l'orgueil érige des murs, le pardon bâtit des ponts. C'est par l'humilité, la compassion et la prière que les cœurs peuvent se réaligner sur la volonté de Dieu.

LES CONSÉQUENCES DE LA DURETÉ DE CŒUR

Lorsque les cœurs demeurent fermés, la réconciliation devient impossible. L'alliance meurt, non parce que Dieu a échoué, mais parce que les hommes ont résisté à son Esprit. Un mariage ne s'effondre pas du jour au lendemain : il se fissure lentement, à travers les compromis, les non-dits et la perte de la grâce.

L'Esprit de Dieu cherche sans cesse à ranimer la flamme, à inspirer le pardon, à restaurer le dialogue. Mais lorsque l'un ou les deux conjoints refusent d'écouter, l'amour finit par s'éteindre. Et ce qui reste, c'est la violence silencieuse du vide, la froideur d'une alliance trahie.

Cependant, il y a toujours un chemin de retour. La guérison commence quand l'un des deux - parfois un seul - choisit de s'humilier devant Dieu. Reconnaître ses torts, demander pardon, prier avec sincérité : ces gestes simples ont la puissance de ressusciter une union morte. La restauration ne vient pas de la volonté humaine, mais de la grâce divine. C'est l'amour de Dieu, non la force du couple, qui guérit ce que le péché a détruit.

LA GRÂCE PLUS FORTE QUE LA RUPTURE

Le divorce n'est pas la fin de l'histoire. Même au milieu des ruines, la grâce demeure plus forte que la faute. Dieu ne condamne pas ceux qui ont échoué : Il les appelle à la guérison. Son amour ne cesse jamais, même pour ceux dont l'alliance a été brisée. Il est le Dieu des secondes chances, celui qui transforme la honte en témoignage et les cendres en beauté. À ceux qui ont traversé l'échec, Il dit : « Je te guérirai de tes infidélités, Je t'aimerai d'un amour sincère » (Osée 14:5).

Le divorce est une blessure réelle, mais il n'est pas irréversible pour Dieu. Il peut guérir les cœurs brisés, reconstruire les familles et restaurer la foi. Car là où l'humain voit un tombeau, Dieu voit une terre de résurrection.

ILLUSTRATION : LA VIGNE FLÉTRIE

Un mariage est comme une vigne. S'il est arrosé d'amour, de pardon et de prière, il grandit avec grâce, donnant des fruits de joie, de paix et de fidélité. Mais s'il est négligé, si la terre de la communion n'est plus travaillée, les mauvaises herbes du ressentiment s'élèvent, le sol se durcit et la vigne se flétrit.

L'amour ne meurt pas d'un coup de tonnerre, mais d'une lente sécheresse. Ce n'est pas le froid soudain du gel qui tue la plante, mais le manque de soin, le silence prolongé, le cœur qui cesse d'arroser. Le divorce, en réalité, n'est pas une rupture soudaine. C'est le résultat d'un lent durcissement du sol jusqu'à ce que plus aucune sève - ni tendresse ni pardon - ne puisse y circuler.

Dans bien des foyers, la vigne de l'amour n'a pas manqué de promesses ; elle a simplement manqué d'entretien. On a laissé le vent du monde souffler trop fort, les soucis s'accumuler comme des pierres et les racines s'étouffer dans la terre du non-dit. Mais la bonne nouvelle, c'est que Dieu est le Vigneron suprême. Et même une vigne flétrie peut reverdir sous Sa main. Là où les humains voient une tige desséchée, Lui voit encore la possibilité d'un fruit nouveau.

PERSPICACITÉ PASTORALE

En tant que serviteurs de Dieu, nous devons tenir ensemble deux vérités : la sainteté de l'alliance et la compassion pour les cœurs brisés.

RESPECTER LE CARACTÈRE SACRÉ DE L'ALLIANCE

Le mariage est une promesse devant Dieu, un engagement sacré. Nous ne devons jamais banaliser le divorce ni le présenter comme une issue facile. Dans une société où la fidélité est souvent vue comme optionnelle, l'Église doit rappeler que le mariage est un reflet de l'alliance entre Christ et son Église.

Cependant, cela ne veut pas dire que nous rejetons ceux qui souffrent ou qui ont échoué. Nos paroles doivent être empreintes de vérité, mais aussi de tendresse. Le rôle du pasteur n'est pas de condamner, mais d'accompagner. Nous devons enseigner la fidélité sans négliger la grâce, car le Dieu qui hait le divorce est le même qui aime les divorcés et pleure avec eux.

Il y a parfois des unions où la réconciliation n'est plus possible. Dans ces moments douloureux, la mission du berger est d'offrir un abri de paix, un espace où les âmes meurtries peuvent respirer, pleurer et guérir sans être jugées. Notre objectif n'est pas seulement de préserver le mariage, mais de restaurer les cœurs, de montrer qu'après la rupture, la miséricorde peut encore fleurir.

RECONNAÎTRE LA RÉALITÉ DE LA RUPTURE

Certains mariages se déchirent sous le poids de l'adultère, de la violence ou de l'abandon. Fermer les yeux sur ces réalités, c'est ajouter de la souffrance à la souffrance. Nous ne pouvons pas appeler « paix » ce qui est plein de blessures, ni exiger une réconciliation forcée quand la sécurité ou la dignité d'un être est en jeu.

Dans ces situations, il faut du discernement, du courage et beaucoup de douceur. Accompagner ne signifie pas excuser, mais marcher avec : écouter sans condamner, soutenir sans manipuler, pleurer avec ceux qui pleurent. Offrir un espace sûr pour que la personne blessée puisse nommer sa douleur est déjà un pas vers la guérison. C'est dans cette vérité - et non dans le déni - que Dieu commence son œuvre de restauration.

LA MISSION DU BERGER

Notre tâche n'est pas d'excuser le péché, ni de condamner les blessés, mais d'amener les cœurs à la repentance et à la restauration. Nous sommes appelés à être des artisans de paix, non des gardiens de honte. C'est dans le climat de grâce que les âmes trouvent la force de changer.

Lorsque nous choisissons d'aimer comme Jésus, nous devenons les instruments de cette vigne que Dieu cultive. Et, parfois, il suffit d'une parole empreinte de compassion pour qu'une vie reprenne racine.

QUESTIONS DE RÉFLEXION

1. Pourquoi Dieu a-t-il permis le divorce sous Moïse ? Était-ce par approbation ou par compassion envers des cœurs endurcis ?
2. À quoi ressemble aujourd'hui la dureté de cœur dans les mariages modernes ? Est-ce l'égoïsme, la distraction, la peur ou le refus du pardon ?
3. Avez-vous remarqué comment la société traite souvent le divorce avec légèreté ? Comment, comme croyants, pouvons-nous restaurer la norme de Dieu tout en pratiquant la miséricorde envers ceux qui ont chuté ?

DÉCLARATION

Je déclare que mon cœur ne s'endurcira ni envers Dieu ni envers mon conjoint. Je choisis le pardon plutôt que l'amertume, l'humilité plutôt que l'orgueil et la fidélité à l'alliance plutôt que l'égoïsme. Mon mariage sera comme une vigne arrosée de grâce, non étouffée par le manque de cœur.

Je chercherai les conseils et la sagesse de Dieu pour affronter chaque épreuve. Je choisis d'être une source de paix dans ma maison, même lorsque les tempêtes se lèvent. Je pratiquerai la miséricorde non parce que mon conjoint est parfait, mais parce que Dieu m'a fait grâce le premier. Je crois que par la prière la communication et la fidélité à la Parole, mon union peut devenir un témoignage vivant de Sa gloire. Je déclare que mon cœur restera tendre, ouvert et que la guérison coulera librement dans ma relation, jusqu'à ce que l'amour de Dieu en soit le parfum.

PRIÈRE

Seigneur,

Garde mon cœur doux devant Toi et devant mon époux (ou mon épouse). Protège-moi de l'orgueil, du manque de pardon et de la rébellion. Là où l'alliance a été rompue, envoie Ton Esprit pour apporter repentance et guérison. Là où le divorce a laissé des plaies, fais couler Ton baume de restauration et de paix. Que ma vie et mon mariage reflètent Ton amour d'alliance ! Aide-moi à être un instrument de réconciliation, une vigne qui porte du fruit malgré les saisons difficiles. Au nom de Jésus-Christ, le Médiateur de toutes les alliances. **Amen.**

CONCLUSION

Le divorce est une blessure réelle, mais la miséricorde de Dieu est plus forte que la rupture. Là où les alliances humaines échouent, l'alliance divine demeure inébranlable. Dieu hait le divorce non parce qu'il rejette les divorcés, mais parce qu'il aime trop ses enfants pour les voir souffrir. Son cœur bat pour ceux qui pleurent, et ses bras demeurent ouverts pour ceux qui reviennent.

La tendresse de Dieu a toujours le dernier mot. Même au milieu des ruines, **le Christ restaure, guérit et rebâtit.** Et là où la vigne semble morte, le Vigneron fait jaillir un nouveau sarment - plus fort, plus vrai, plus enraciné dans la grâce. « Voici, je fais toutes choses nouvelles. » (Apocalypse 21:5)

CHAPITRE 3

LE DIVORCE DANS LA LOI DE MOÏSE

Réglementation et rachat : déballage des dispositions mosaïques sur le divorce

LORSQU'ON ABORDE LA QUESTION DU divorce dans les Écritures, la pensée se tourne souvent vers les paroles de Jésus dans les Évangiles ou vers les exhortations de Paul dans ses lettres. Pourtant, bien avant ces enseignements, le peuple d'Israël faisait déjà face à la réalité douloureuse des unions brisées. La Loi de Moïse, donnée dans un contexte culturel patriarcal, mentionne explicitement le divorce, non pour le promouvoir, mais pour en réglementer les abus. Si l'on veut comprendre la profondeur des paroles de Jésus sur ce sujet -notamment lorsqu'il dit : « C'est à cause de la dureté de votre cœur que Moïse vous a permis de répudier vos femmes » (Matthieu 19 :8) -il faut d'abord remonter à la source mosaïque.

Dans le Deutéronome 24:1-4, Moïse introduit une disposition particulière permettant à un homme de donner à sa femme une lettre de divorce lorsqu'il « trouve en elle quelque chose d'indécent ». À première vue, cette permission semble légitimer la séparation, mais, en réalité, elle vise à protéger les femmes de l'abandon arbitraire et des conséquences sociales dévastatrices. À cette époque, les femmes dépendaient de leur mari pour leur sécurité, leur statut et leur survie économique. Être répudiée sans preuve écrite revenait à être condamnée à la misère et à la honte. Moïse, dans un contexte de corruption morale et d'injustice structurelle, a donc institué un cadre juridique pour limiter les dérives et sauvegarder la dignité de celles qui étaient vulnérables.

LE CŒUR DE LA QUESTION

Le texte de Deutéronome 24:1-4 est l'un des passages les plus débattus de l'Ancien Testament. Il stipule qu'un homme peut donner un certificat de divorce à sa femme si elle « ne trouve plus grâce à ses yeux » en raison d'une « indécence ». Ce certificat n'était pas une bénédiction divine du divorce, mais un instrument de régulation sociale. Le but n'était pas d'encourager la séparation, mais d'empêcher les hommes d'agir selon leurs caprices. Moïse ne faisait pas la promotion d'un droit au divorce ; il introduisait une mesure de contrôle et de justice dans une société où les maris pouvaient renvoyer leurs épouses pour des raisons futiles, les laissant sans protection ni recours.

Le document écrit servait donc de preuve légale attestant que la femme n'était plus liée à son ancien mari. Elle pouvait ainsi se remarier sans craindre d'être accusée d'adultère. Cette disposition a redonné à la femme répudiée une certaine liberté et une reconnaissance sociale dans un monde qui la reléguait au silence. En somme, Moïse a voulu encadrer le mal pour en limiter les dégâts, comme un médecin qui ne guérit pas la plaie, mais empêche l'infection de se propager.

QUE SIGNIFIAIT « UNE CERTAINE INDÉCENCE » ?

L'expression hébraïque *'erwat dabar'*, traduite par « quelque indécence », est devenue le centre d'une controverse théologique majeure. Les rabbins de l'époque s'opposaient sur la portée de ce terme.

- **L'école de Shammaï**, plus conservatrice, interprétait cette clause comme se référant uniquement à une faute grave d'ordre sexuel, sans pour autant aller jusqu'à l'adultère, qui était puni de mort.
- **L'école de Hillel**, plus libérale, soutenait que n'importe quelle raison - même triviale - pouvait justifier le divorce : un repas mal préparé, une attitude jugée déplaisante ou la simple attirance du mari pour une autre femme.

Ces interprétations divergentes ont façonné une culture du divorce permissive, où la loi, censée protéger, devenait une arme d'injustice. À l'époque de Jésus, les hommes utilisaient cette disposition mosaïque pour répudier leurs épouses à la moindre contrariété, réduisant l'alliance matrimoniale à un contrat réversible selon les désirs du moment. Jésus, confronté à cette dérive, rappela avec autorité que le plan de Dieu n'avait jamais inclus le divorce, mais qu'il avait été toléré « à cause de la dureté du cœur humain » (Matthieu 19:8).

Moïse, en instituant cette loi, ne faisait que réguler un mal social déjà existant. Son but n'était pas d'autoriser le divorce, mais d'empêcher qu'il ne devienne un instrument de domination masculine et de misère féminine.

LE VÉRITABLE CŒUR DE DIEU RÉVÉLÉ DANS MALACHIE

Des siècles après Moïse, le prophète Malachie révéla le profond dégoût de Dieu pour le divorce et l'infidélité conjugale. Dans Malachie 2:13-

16, Dieu dénonce la trahison des hommes envers « la femme de leur jeunesse » et réaffirme la dimension spirituelle du mariage comme une alliance devant Lui : « Le Seigneur a été témoin entre toi et la femme de ta jeunesse, à laquelle tu as été infidèle... Ne les a-t-Il pas faits un seul être, avec une portion de l'Esprit dans leur union ? »

Le mot-clé ici est *alliance*. Le mariage n'est pas un simple accord entre deux individus, mais un pacte sacré, scellé par la présence de Dieu. Ainsi, briser ce lien, c'est non seulement trahir son conjoint, mais aussi profaner un engagement spirituel pris devant le Créateur. Le prophète va plus loin, il compare le divorce à un acte de violence spirituelle :

« l'homme qui répudie sa femme couvre son vêtement de violence. » Cette métaphore évoque la souillure du sang, comme si le divorce était une blessure faite au tissu même de la société et du cœur divin.

Le message de Malachie vient corriger une dérive. Les hommes, se cachant derrière la lettre de la loi mosaïque, avaient oublié l'esprit de cette loi : la protection, non la permission. Dieu ne déteste pas les divorcés ; Il déteste le divorce parce qu'il détruit ce qu'Il a uni et parce qu'il engendre douleur, injustice et désolation. Là encore, Sa colère est une expression de Son amour : Il hait ce qui blesse Ses enfants.

LA PÉDAGOGIE DIVINE À TRAVERS LA LOI

Il faut comprendre que la loi mosaïque avait un rôle pédagogique et transitoire. Elle préparait le peuple à la révélation complète de la volonté de Dieu à travers le Christ. En tolérant certaines pratiques, Dieu révélait progressivement la sainteté de Ses desseins. Le divorce permis par Moïse était une concession temporaire à la faiblesse humaine, une forme de grâce juridique dans une société dure et imparfaite. Mais à travers les prophètes, puis par la voix de Jésus, Dieu a rappelé que Son idéal n'a jamais changé : l'union indissoluble d'un homme et d'une femme dans l'amour, la fidélité et la foi.

Le Christ, dans le Sermon sur la Montagne (Matthieu 5:31-32), redonne à la loi mosaïque sa véritable portée : « Il a été dit : Que celui qui répudie sa femme lui donne une lettre de divorce. Mais moi, je vous dis que quiconque répudie sa femme, sauf pour cause d'infidélité, l'expose à devenir adultère. » En d'autres termes, Jésus ne contredit pas Moïse, Il accomplit la loi en la ramenant à son intention originelle : la restauration de l'alliance et la guérison du cœur humain.

L'EXEMPLE DE L'ALLIANCE DE DIEU AVEC ISRAËL

La gravité de la rupture de l'alliance entre Dieu et son peuple se manifeste puissamment à travers le langage symbolique que Dieu emploie pour décrire sa relation avec Israël. Dans Jérémie 3:8, Dieu déclare : « J'ai donné à Israël, l'infidèle, sa lettre de divorce et je l'ai renvoyée à cause de tous ses adultères. »

Cette phrase résonne avec une intensité à la fois douloureuse et pleine de grâce. Dieu, l'Époux fidèle, se voit contraint d'"accorder le divorce" à Son peuple infidèle, non par désir de rupture, mais parce qu'Israël s'est obstiné dans la trahison spirituelle, adorant d'autres dieux et violant les termes de l'alliance. Pourtant, même au cœur de cette séparation, l'amour de Dieu demeure intact. Il ne s'agit pas d'un rejet définitif, mais d'une discipline destinée à amener la repentance. Par les prophètes, Dieu annonce Son projet de restauration : « Je conclurai avec la maison d'Israël et la maison de Juda une alliance nouvelle… Je mettrai ma loi au-dedans d'eux, je l'écrirai dans leur cœur » (Jérémie 31:31– 33).

Ainsi, le « certificat de divorce » symbolise moins une fin qu'un appel au retour. Dieu illustre, à travers cette métaphore, la profondeur de Sa douleur face à l'infidélité, mais aussi la grandeur de Sa miséricorde. Même après la rupture, Il garde les bras ouverts, prêt à rétablir la communion avec ceux qui se repentent. Cela révèle que le divorce, dans la perspective divine, n'est jamais un acte de vengeance, mais une mesure de justice et de pédagogie spirituelle, un moyen de confronter le péché tout en gardant la porte ouverte à la réconciliation.

LE DIVORCE : UNE CONCESSION, NON UN COMMANDEMENT

Jésus éclaire cette dimension dans Matthieu 19:8 : « C'est à cause de la dureté de votre cœur que Moïse vous a permis de répudier vos femmes, mais, dès le commencement, il n'en a pas été ainsi. »

Ces paroles replacent la loi mosaïque dans sa juste perspective. Le divorce n'a jamais été une prescription divine, mais une tolérance provisoire. Moïse, confronté à un peuple au cœur endurci et à une société patriarcale injuste, a institué une réglementation pour limiter les abus, non pour encourager la séparation. Comme la polygamie tolérée à certaines époques, le divorce fut une concession au péché humain et jamais l'expression de la volonté parfaite de Dieu.

Cette nuance est essentielle : ce que Dieu permet n'est pas toujours ce qu'Il désire. Le divorce n'était pas une porte ouverte, mais un avertissement clignotant, une mesure d'urgence dans un monde corrompu. En d'autres termes, Dieu disait à Israël : « Parce que vous êtes fragiles et désobéissants, je permets ce cadre pour éviter de plus grands maux, mais sachez que Mon idéal demeure inchangé. »

UNE ILLUSTRATION PASTORALE : LA CLÔTURE TEMPORAIRE

Pour comprendre cette tolérance divine, imaginons un berger dont les brebis s'égarent constamment dans des champs dangereux. Par amour, il dresse une clôture temporaire pour les empêcher de tomber dans le ravin.

Cette clôture ne représente pas son rêve, mais **une mesure protectrice** contre leur désobéissance. Le cœur du berger reste tourné vers la liberté et la confiance retrouvée de ses brebis.

De la même manière, le divorce dans la loi mosaïque n'était pas le rêve de Dieu, mais une barrière contre l'injustice. Il permettait de contenir les ravages de la dureté du cœur humain. L'idéal divin, lui, restait le même : un mariage fondé sur la fidélité, la tendresse et l'unité spirituelle. Moïse n'a pas célébré la rupture ; il en a limité les dégâts.

Cette image du berger rappelle que Dieu agit toujours par compassion, même lorsqu'Il établit des limites. Son but n'est pas de restreindre, mais de protéger - non de punir, mais d'enseigner. Aussi, la permission mosaïque du divorce révèle-t-elle davantage la patience de Dieu envers l'humanité déchue que Son approbation de la rupture.

LES EFFETS DÉVASTATEURS DU DIVORCE EN ISRAËL

En dépit de ces précautions légales, les conséquences sociales du divorce en Israël furent profondes. Dans une culture où la transmission des biens, de l'identité et du nom se faisait par les hommes, la répudiation fragilisait les femmes et les enfants. Les femmes rejetées perdaient leur sécurité économique et leur statut social ; les enfants issus de ces unions pouvaient se retrouver marginalisés, privés d'héritage ou séparés de leur lignée.

Et le divorce ne représentait pas seulement une tragédie privée : il engendrait une blessure communautaire. Le tissu social de la nation en était ébranlé. Malachie met en garde contre cet effet d'entraînement : « Tu ne feras point venir le péché sur le pays que l'Éternel, ton Dieu, te donne en héritage » (Malachie 2:16).

Le prophète associe la multiplication des divorces à la dégradation spirituelle et morale d'Israël. Quand les autels du mariage se brisent, les fondations de la société s'effritent. La fidélité conjugale n'est pas un simple devoir moral : elle est le miroir de la fidélité nationale et spirituelle. Ce qui se passe dans les foyers finit par se refléter dans la stabilité politique et la santé spirituelle d'un peuple.

LE DIVORCE COMME AUTEL BRISÉ

Dans la perspective biblique, le mariage n'est pas qu'une union civile : c'est un autel spirituel, un lieu de présence divine et d'alliance sacrée. Lorsque deux personnes prononcent leurs vœux, elles appellent Dieu comme témoin et garant de leur engagement. Rompre cette alliance, c'est donc profaner un autel.

Malachie exprime cette idée avec une force poétique : « Celui qui répudie sa femme couvre son vêtement de violence. » Cette image suggère que le divorce laisse une tache invisible, une blessure spirituelle. Ce n'est pas seulement la séparation de deux corps, mais la déchirure d'une union que l'Esprit de Dieu avait scellée.

Le divorce, dans sa dimension spirituelle, équivaut à un autel renversé, à une flamme sacrée éteinte. C'est pourquoi il laisse des cicatrices si profondes : il ne s'agit pas simplement de deux vies qui se séparent, mais d'un symbole divin qui est fracturé. Là où il y avait bénédiction, confiance et harmonie, il y a maintenant douleur et silence. Pourtant, même au milieu de ces ruines, Dieu demeure capable de reconstruire. Sa grâce peut rallumer ce qui semblait éteint. Le mariage, comme l'alliance d'Israël, peut renaître si le cœur se repent et revient à Lui.

IMPLICATIONS PRATIQUES POUR AUJOURD'HUI

L'enseignement biblique sur le divorce ne se limite pas à un cadre historique : il interpelle profondément notre époque moderne, marquée par la fragilité des engagements et la banalisation de la rupture. Quatre implications majeures s'y dégagent pour les croyants d'aujourd'hui.

NE JAMAIS TRAITER LE DIVORCE À LA LÉGÈRE

Le divorce ne doit jamais être perçu comme une solution simple à des difficultés relationnelles. C'est une déchirure d'alliance, une rupture du lien sacré que Dieu a béni. Chaque séparation laisse une trace spirituelle et émotionnelle durable. Les croyants sont donc appelés à chercher d'abord la réconciliation, le dialogue, le pardon et le soutien spirituel avant d'envisager la rupture.

Dans un monde où le mariage est souvent traité comme un contrat réversible, le chrétien doit rappeler par sa vie que le mariage est une vocation, non une expérience. Défendre la fidélité conjugale, c'est défendre la stabilité émotionnelle des enfants, la paix des foyers et la force morale de la communauté.

PROTÉGER LES PERSONNES VULNÉRABLES

Tout comme Moïse avait instauré le certificat de divorce pour éviter l'abandon injuste des femmes, l'Église contemporaine doit être un refuge pour les cœurs brisés. Les personnes victimes d'abus, de violence ou d'abandon ne doivent jamais être laissées sans protection ni soutien.

Protéger les vulnérables, c'est incarner la justice et la compassion de Dieu. Cela inclut l'accompagnement psychologique, le soutien financier ou spirituel et la défense du droit à la dignité pour ceux qui ont été trahis. En agissant ainsi, l'Église devient le prolongement du cœur de Dieu : un lieu où la grâce guérit ce que la loi ne peut réparer.

ENSEIGNER LE CŒUR DE DIEU, PAS LES FAILLES HUMAINES

L'un des dangers contemporains consiste à confondre la tolérance de Dieu avec son approbation. Ce n'est pas parce que Dieu a permis le divorce dans certaines circonstances qu'Il l'approuve moralement. Le rôle de l'Église et des pasteurs n'est donc pas de légitimer la rupture, mais de rappeler la beauté de l'alliance et de promouvoir la réconciliation.

Les enseignements bibliques doivent insister sur la restauration plutôt que sur la condamnation. Il ne s'agit pas de juger ceux qui ont divorcé, mais de leur rappeler que **la grâce est toujours possible** et que Dieu reste le Dieu des nouveaux commencements.

ORIENTER VERS LA RÉDEMPTION ET LA RESTAURATION

Même lorsqu'un mariage échoue, Dieu n'échoue pas. Son plan de rédemption s'étend jusque dans les ruines du foyer. Il est capable de transformer la douleur en témoignage, la honte en sagesse et la solitude en service.

L'histoire biblique le démontre : après avoir "divorcé" d'Israël, Dieu a promis une **nouvelle alliance**, non pas écrite sur la pierre, mais gravée dans le cœur. De même, pour les couples blessés, Dieu peut établir un nouveau commencement fondé sur la repentance, la guérison et la foi.

L'Église doit accompagner cette rédemption, en prêchant un message d'espérance plutôt qu'un discours de culpabilité. Là où le divorce a brisé des vies, la grâce peut reconstruire des cœurs et des familles.

CONCLUSION

La Loi de Moïse n'a jamais été censée être le dernier mot sur le mariage.

C'était un palliatif, un échafaudage, une concession à la rupture. Mais, à l'intérieur de ses limites, nous voyons la fidélité de Dieu. Il n'abandonne pas les blessés. Il pourvoit même dans notre échec. Pourtant, il murmure aussi : « Ce n'était pas ainsi que cela devait être. »

Lorsque nous nous tournons de Moïse à Jésus, nous ne trouvons pas un relâchement des normes, mais une restauration de la vision. Là où Moïse écrivait pour gérer le péché, Jésus est venu transformer les cœurs. Là où Moïse l'a permis à cause de la dureté, Jésus donne du pouvoir par la grâce. La Loi n'était qu'une ombre ; le Christ est la réalité.

La prescription de Moïse sur le mariage a peut-être été un remède transitoire aux maux de l'humanité, mais, malgré ses limites, nous pouvons toujours voir la fidélité inébranlable de Dieu. Même dans nos échecs et nos faiblesses, il reste inébranlable et pourvoit à nos besoins. Cependant, dans la transition de la Loi de Moïse aux enseignements de Jésus, il nous est rappelé que le mariage n'a jamais été destiné à être un simple compromis. Jésus n'est pas venu pour abaisser les normes, mais pour restaurer la vision originelle de ce que devrait être le mariage : l'union de deux cœurs transformés par la grâce et dotés de la puissance d'aimer inconditionnellement. En Lui, nous trouvons la vraie réalité de ce que le mariage a toujours été destiné à être.

CHAPITRE 4

L'ENSEIGNEMENT DE JÉSUS SUR LE DIVORCE

Restaurer l'idéal de Dieu : l'appel radical du Christ sur le mariage et le divorce

Quand Jésus a parlé de divorce, il entrait dans une tempête culturelle. Au premier siècle, le mariage dans la société juive était en crise. La Loi de Moïse avait été interprétée et réinterprétée d'une manière qui rendait le divorce presque fortuit. Parmi les rabbins, le grand débat opposait deux écoles : **Shammaï**, qui insistait sur le fait que le divorce n'était autorisé que pour l'immoralité sexuelle ; **Hillel**, qui enseignait qu'un homme pouvait renvoyer sa femme pour pratiquement n'importe quelle raison : même, selon certaines sources, si elle brûlait son dîner ou s'il trouvait simplement une autre femme plus agréable. Les enseignements de Jésus sur le divorce ont remis en question les attitudes dominantes de son époque. Il a souligné le caractère sacré et permanent du mariage, déclarant que le divorce ne devrait être autorisé qu'en cas d'adultère. Cette position plus stricte a provoqué une controverse parmi les chefs religieux de l'époque, mais Jésus est resté inébranlable dans son message d'honorer l'engagement pris dans le mariage. Ses enseignements continuent de nous rappeler l'importance de la fidélité et du respect dans la relation conjugale.

C'était dans ce contexte que Jésus a commencé son ministère. Le divorce était courant. Les femmes ont été rejetées. Des enfants ont été déplacés. L'alliance avait été réduite à un contrat et les contrats pouvaient être annulés à volonté. Dans cette culture brisée, les paroles de Jésus sont venues comme une épée tranchant à travers des siècles de compromis. Il a parlé du caractère sacré du mariage, rappelant à ses disciples que, ce que Dieu a uni, personne ne le sépare. Ses paroles ont défié les normes sociétales de l'époque, appelant à une norme plus élevée d'engagement et d'amour dans les relations. Malgré la controverse et les résistances auxquelles il a été confronté, Jésus a continué à souligner l'importance d'honorer les vœux faits dans le mariage et de se traiter mutuellement avec respect et fidélité. Ses enseignements sur le divorce et la fidélité continuent d'être un puissant rappel pour les couples d'aujourd'hui de valoriser et de chérir leur engagement l'un envers l'autre.

LE SERMON SUR LA MONTAGNE : ÉLEVER LE NIVEAU

Dans **Matthieu 5 :31-32**, Jésus déclare : « *Il a été dit aussi : Quiconque répudie sa femme, qu'il lui donne un certificat de divorce. Mais moi, je vous dis que quiconque répudie sa femme, si ce n'est pour cause d'impudicité, la fait commettre un adultère, et quiconque épouse une femme divorcée commet un adultère.* »

C'était choquant. Pendant des générations, les hommes juifs se sont appuyés sur le certificat de divorce de Deutéronome 24 comme couverture légale. Tant qu'ils avaient les papiers, ils se considéraient comme justifiés. Mais Jésus perce à travers la paperasse jusqu'au **cœur de l'alliance**.

Vous pensez que le certificat vous protège, dit-il. Mais si vous divorcez pour des raisons autres que l'immoralité sexuelle, vous êtes coupable de faire de votre femme une femme adultère, et celui qui l'épouse partage cette culpabilité. » En d'autres termes, le divorce n'efface pas l'engagement. Le papier n'annule pas ce que Dieu a uni.

Cet enseignement ne concernait pas seulement la loi, mais aussi **l'amour et la sainteté**. Jésus ramène le mariage à son lieu sacré, là où il devait être depuis le commencement.

L'ÉPREUVE DES PHARISIENS DANS MATTHIEU 19

Plus tard, dans **Matthieu 19:3-9**, les pharisiens confrontent directement Jésus :

« Est-il permis de divorcer de sa femme pour quelque raison que ce soit ? »

Remarquez le libellé : « pour quelque cause que ce soit ». Ils l'appâtaient dans le débat rabbinique. Se rangerait-il du côté de la vision plus stricte de Shammaï ou de la perspicacité de Hillel ? Mais Jésus refuse de jouer leur jeu. Au lieu de débattre du Deutéronome, il les ramène à la Genèse : *« N'avez-vous pas lu que celui qui les a créés dès le commencement les a faits mâle et femelle, et qu'il a dit : 'C'est pourquoi l'homme quittera son père et sa mère, et il s'attachera à sa femme, et les deux deviendront une seule chair' ? Ils ne sont donc plus deux, mais une seule chair. Ce que Dieu a uni, que l'homme ne le sépare pas. »* (v. 4-6).

C'est profond. Jésus contourne des siècles de discussions et revient à la conception originale. Le mariage n'est pas d'abord un contrat légal, mais une **union divine**. L'homme s'en va. La femme se fend. Dieu Lui-même les tisse ensemble en une seule chair. Et ce que Dieu a uni, l'homme n'a pas le droit de le déchirer. Le mariage est une union sacrée qui va au-delà des légalités et des normes culturelles. C'est un lien spirituel qui doit être respecté et honoré. L'idée que deux individus deviennent une seule chair est un concept beau et puissant qui ne doit pas être pris à la légère. Lorsque Dieu réunit deux personnes dans le mariage, c'est une union qui doit être chérie et protégée à tout prix. C'est un rappel de l'amour et de l'engagement qui doivent être partagés entre mari et femme.

LORSQU'ON L'INTERROGE SUR MOÏSE, JÉSUS EXPLIQUE :

« À cause de ta dureté de cœur, Moïse t'a permis *de répudier tes femmes, mais, dès le commencement, il n'en a pas été ainsi* » (v. 8).

Ici, Jésus fait la distinction que nous avons explorée dans le dernier chapitre : le divorce était une concession, pas le dessein original de Dieu. Il a été toléré à cause du péché et n'a pas été célébré comme le plan de Dieu.

LA CLAUSE D'EXCEPTION : PORNEIA

Jésus admet une exception : « sauf pour l'immoralité sexuelle ». Le mot grec utilisé est « porneia », plus large que le terme pour l'adultère (*moicheia*). *La « porneia »* englobe toutes les formes d'immoralité sexuelle : la fornication, la prostitution, l'inceste, l'homosexualité et l'adultère. Cette clause d'exception indique que le divorce est autorisé dans les cas d'immoralité sexuelle, car il va à l'encontre du dessein de Dieu pour le mariage. Cependant, même dans ces cas, le divorce ne doit pas être pris à la légère et doit être un dernier recours. Il est clair, d'après les enseignements de Jésus, que le mariage est une union sacrée qui doit être honorée et respectée.

Pourquoi cette exception ? Parce que l'infidélité sexuelle n'est pas seulement un péché contre le corps ; c'est une profanation de l'alliance elle-même. Le mariage est construit sur l'intimité exclusive et, lorsque cette exclusivité est brisée, l'union « une seule chair » est violemment brisée. Jésus n'ordonne pas le divorce dans de tels cas, mais il reconnaît que l'alliance a été compromise au point que le divorce est autorisé.

Même dans ce cas, la grâce offre toujours la possibilité du pardon et de la restauration. Mais là où la repentance est absente ou la réconciliation rejetée, le divorce devient une issue tragique mais légitime.

LE CHOC DES DISCIPLES

Les disciples répondent avec incrédulité : « *Si tel est le cas d'un homme avec sa femme, il vaut mieux ne pas se marier* » (v. 10).

Cela montre à quel point l'enseignement de Jésus était radical. Dans une culture où les hommes supposaient des sorties faciles du mariage, l'idée d'une alliance à vie avec si peu de clauses d'échappatoire semblait impossible. Et c'était précisément le point de vue de Jésus. Le mariage ne doit pas être contracté à la légère. Il s'agit d'une alliance sacrée et non d'un arrangement commode. Le mariage exige de l'engagement, des sacrifices et la volonté de surmonter les défis ensemble. Jésus voulait souligner l'importance de défendre la sainteté du mariage et la valeur de tenir ses promesses. Ses enseignements visaient à défier les normes culturelles de son époque et à encourager une compréhension plus profonde de la véritable signification du mariage en tant que lien à vie entre deux individus. Le choc des disciples face aux paroles de Jésus leur rappelle que le mariage est un engagement sérieux et sacré qui ne doit pas être pris à la légère.

Les paroles de Jésus nous rappellent que l'amour de l'alliance exige des cœurs transformés. Sans grâce, le mariage semble impossible. Avec la grâce, il devient une parabole vivante du Christ et de son Église.

L'EMPHASE DE MARC ET LUC

Dans **Marc 10:11-12** et **Luc 16:18**, les paroles de Jésus sont enregistrées sans la clause d'exception : « Quiconque répudie sa femme et en épouse une autre commet un adultère contre elle. »

Pourquoi cette différence ? Probablement parce que Matthieu écrivait pour un public juif, où le débat rabbinique sur la *porneia* avait de l'importance. Marc et Luc, écrivant pour les païens, mettent l'accent sur la permanence du mariage sans nuance. Pour eux, le cœur de l'enseignement de Jésus était simple : le divorce n'est pas le dessein de Dieu.

LE MIROIR DU CHRIST ET DE L'ÉGLISE

Pour comprendre la passion de Jésus, nous devons nous rappeler que le mariage n'est pas seulement une question de compagnie humaine. C'est une image de Christ et de son église (Éphésiens 5:32). Le Christ ne répudie pas son épouse. Il la poursuit, la sanctifie et la présente irréprochable. Le divorce gâche cette réflexion.

Pensez à un miroir conçu pour refléter le visage de l'amour de l'alliance du Christ. Lorsque le mariage se brise, le miroir se fissure. Le reflet est déformé. Jésus défend le mariage avec tant d'acharnement parce qu'il porte la gloire de l'Évangile. Le mariage, aux yeux de Jésus, est une alliance sacrée qui reflète l'amour et l'engagement inconditionnels entre le Christ et son Église. Le divorce perturbe cette belle réflexion et déforme le message de grâce et de rédemption que le mariage est censé dépeindre. En défendant la sainteté du mariage, Jésus protège l'essence même de son Évangile : un amour inébranlable et éternel. La rupture du divorce est un rappel douloureux de la brisure de l'humanité et du besoin désespéré de la puissance de guérison de l'amour du Christ.

DU CŒUR

Pastoral Insight : Pas des failles juridiques, mais une transformation

Pour les lecteurs modernes, la tentation est de réduire l'enseignement de Jésus à un ensemble de formules juridiques : « Ai-je le droit de divorcer dans ce cas ? Et si mon conjoint fait X ou Y ? Mais Jésus n'a jamais proposé une liste de failles. Il nous rappelait au cœur de Dieu. Jésus exhortait ses disciples à s'efforcer d'approfondir la compréhension de l'amour et de l'engagement dans le mariage, enracinée dans la nature immuable de l'amour de Dieu pour l'humanité. Au lieu de chercher des moyens de contourner les difficultés du mariage par des détails juridiques, Jésus a souligné l'importance de la transformation du cœur et de l'alignement de nos relations avec l'amour et la grâce de Dieu. En se concentrant sur l'essence de l'Évangile et le pouvoir de guérison de l'amour du Christ, les croyants peuvent trouver la force et l'orientation nécessaires pour naviguer dans les complexités du mariage avec foi et persévérance.

La vraie question n'est pas : « Quand *puis-je sortir ?* » Mais « *comment puis-je refléter l'amour de l'alliance du Christ dans mon mariage ?* » Là où l'alliance est rompue par le péché, Jésus offre à la fois la vérité et la grâce : la vérité pour exposer le péché, la grâce pour guérir les cœurs.

ILLUSTRATION : L'ALLIANCE

Une alliance est un simple cercle de métal, ininterrompu et sans fin. Il symbolise la permanence. Imaginez un homme qui décide un jour qu'il n'aime plus sa femme, et il coupe son alliance en deux pour symboliser sa nouvelle « liberté ». Le métal peut être coupé, mais le sens est perdu.

C'est ce que Jésus enseigne. Le divorce peut couper le lien juridique, mais il ne peut pas défaire la réalité de l'alliance. Seul le péché de la trahison la plus profonde (*porneia*) crée une violation légitime. Toute autre coupe est une profanation du symbole de l'alliance. Le mariage est une alliance sacrée qui consiste à faire une promesse à Dieu devant des témoins. Lorsque nous échangeons des alliances, nous nous engageons à vie à aimer et à honorer notre conjoint, quels que soient les défis qui se présentent à nous. Tout comme couper une alliance ne dissout pas le mariage, le divorce n'efface pas le lien sacré entre deux personnes. C'est un rappel que l'amour n'est pas seulement un sentiment, mais un choix que nous faisons chaque jour pour honorer et chérir la personne à laquelle nous avons consacré notre vie.

AVERTISSEMENT PROPHÉTIQUE POUR AUJOURD'HUI

Notre culture moderne ressemble plus à l'époque de Hillel qu'à celle de Shammaï. Le divorce, pour quelque cause que ce soit, est de retour : pour l'incompatibilité, le malheur ou même l'ennui. Des papiers sont signés, des vœux sont rompus et des enfants sont laissés dans les décombres. L'Église doit entendre à nouveau les paroles de Jésus : « Dès le commencement, il n'en a pas été ainsi. »

L'appel prophétique du Christ est de ramener le mariage à son lieu sacré non seulement comme une relation personnelle, mais comme un signe prophétique pour le monde de l'amour de l'alliance.

CONCLUSION

Jésus ne baisse pas la barre ; Il le soulève. Il nous rappelle à l'Eden, à l'alliance, à l'union d'une seule chair qu'aucun homme ne peut séparer. Le divorce, dans son enseignement, est une concession tragique, pas une option commode. Pourtant, même ici, la grâce brille. Pour ceux qui sont marqués par l'infidélité, il offre de l'espoir. Il étend le pardon à ceux qui souffrent de culpabilité. Pour ceux qui sont encore dans l'alliance, il offre la force d'endurer et de vaincre.

CHAPITRE 5

L'ENSEIGNEMENT DE PAUL SUR LE DIVORCE

Le conseil de Paul sur la séparation et la réconciliation

LORSQUE NOUS OUVRONS LA PREMIÈRE lettre de Paul aux Corinthiens, nous n'entrons pas dans une église calme et ordonnée. Corinthe était l'une des villes les plus immorales du monde antique, un creuset de loi romaine, de philosophie grecque et d'idolâtrie païenne. Le divorce dans la société romaine était endémique. Contrairement à la loi juive, où les hommes devaient délivrer un certificat, les maris et les femmes romains pouvaient dissoudre leurs mariages presque avec désinvolture. Il suffisait d'une déclaration devant témoins et une alliance était dissoute. Les femmes, bien que souvent désavantagées, avaient plus de droits légaux à Rome que dans la culture juive, et certaines utilisaient ces droits librement.

C'est dans ce climat que les croyants de Corinthe ont lutté. Beaucoup se sont mariés avant de venir à Christ, certains à des conjoints qui sont restés dans le paganisme. Certains ont été abandonnés à cause de leur nouvelle foi. D'autres se demandaient si la sainteté signifiait qu'ils devaient quitter leurs conjoints incroyants. Et d'autres encore luttaient contre la passion, le célibat et le désir de se remarier. Le cœur pastoral de Paul est révélé dans 1 Corinthiens 7 où il donne des conseils attentifs, inspirés par l'Esprit, qui ont guidé l'Église pendant des siècles.

La fidélité parmi les croyants

Paul commence par réaffirmer le commandement de Jésus concernant les mariages entre croyants :

« Aux mariés, je donne cet ordre (non pas à moi, *mais au Seigneur*) : *la femme ne doit pas se séparer de son mari (mais si elle le fait, elle doit rester célibataire ou bien se réconcilier avec son mari), et le mari ne doit pas répudier sa femme* » (1 Corinthiens 7:10-11) .

Paul rappelle à ses lecteurs que Jésus lui-même a parlé à ce sujet. Entre deux croyants, le divorce n'est pas autorisé, sauf pour la cause que Jésus a donnée : l'immoralité sexuelle. Mais Paul ajoute une note pratique : si la séparation se produit (et parfois elle doit se produire, pour la sécurité ou la santé mentale), les deux seules options bibliques sont de rester célibataires ou de rechercher la réconciliation.

Cette norme protège la sainteté du mariage chrétien. L'Esprit lui-même est témoin de l'alliance entre deux croyants. Le briser avec désinvolture, c'est mépriser l'œuvre de Dieu. Paul insiste sur le fait qu'une alliance entre croyants est sacrée et que rien de moins qu'une trahison ne peut la dissoudre. Le mariage est un lien sacré qui ne doit pas être pris à la légère, car il est le reflet de l'alliance entre les croyants et Dieu. Paul insiste sur l'importance de défendre la sainteté du mariage, même dans des circonstances difficiles. En maintenant un engagement envers la réconciliation ou en restant célibataires si une séparation se produit, les croyants peuvent honorer l'œuvre de Dieu dans leur union. En fin de compte, l'Esprit lui-même est présent dans l'alliance du mariage et la rompre sans raison valable est une trahison à la fois du partenaire et de Dieu.

MARIAGES MIXTES : CROYANTS ET INCROYANTS

Mais Paul aborde également une situation que Jésus n'a jamais rencontrée dans son ministère terrestre : les croyants mariés à des incroyants. Beaucoup d'habitants de Corinthe ont demandé : « Si mon conjoint ne croit pas en Christ, dois-je divorcer pour rester pur ? » Paul répond avec fermeté : « Si un frère a une femme incroyante, et qu'elle consente *à vivre avec lui, il ne doit pas divorcer. Si une femme a un mari qui est incroyant et qu'il consent à vivre avec elle, elle ne doit pas divorcer. Car le mari incroyant est sanctifié à cause de sa femme, et la femme incroyante est sanctifiée à cause de son mari* » (1 Corinthiens 7:12-14).

Cet enseignement est remarquable. La présence du conjoint croyant sanctifie l'incroyant plutôt que de le polluer. Le mariage est couvert, les enfants sont mis à part et le foyer devient un lieu où l'influence du Christ peut se propager. Paul ne veut pas dire que l'incroyant est automatiquement sauvé, mais que l'alliance est sanctifiée par la foi d'un partenaire.

Pensez-y de cette façon : un croyant est comme un autel dans la maison. Ses prières, sa foi et sa présence remplie de l'Esprit sanctifient l'espace. Même un conjoint et des enfants incroyants bénéficient de la couverture de l'alliance de cet autel. Le divorce n'est donc pas la solution. La fidélité à l'alliance peut encore amener l'incroyant à Christ. En restant inébranlable dans sa foi et son engagement envers le mariage, le croyant peut continuer à être un phare de l'amour et de la grâce du Christ au sein de la maison. Par la prière, la patience et une foi inébranlable, le croyant peut créer un environnement où le conjoint et les enfants incroyants peuvent connaître et expérimenter la puissance transformatrice du Christ. Le divorce ne doit pas être considéré comme la solution, mais plutôt comme une occasion de rédemption et de réconciliation par le pouvoir de la fidélité à l'alliance. En fin de compte, le dévouement du croyant à son mariage peut servir de témoignage puissant qui conduit l'incroyant à une relation personnelle avec Christ.

LE PRIVILÈGE PAULINIEN : L'ABANDON

Pourtant, Paul n'est pas un idéaliste. Il sait que, parfois, un conjoint incroyant ne supportera pas le mariage. La persécution, le ridicule ou l'hostilité pure et simple peuvent le faire fuir. Dans de tels cas, Paul offre ce qu'on en est venu à appeler le **privilège paulinien** :

« Mais si le partenaire incroyant se sépare, qu'il en soit ainsi. Dans de tels cas, le frère ou la sœur n'est pas esclave. Dieu vous a appelés à la paix (1 Corinthiens 7:15).

Ici, Paul introduit un principe de libération. Si le conjoint incroyant abandonne le mariage, le croyant n'est « pas esclave ». L'expression grecque « *ou dedoulōtai* » signifie non lié, ni enchaîné, ni servitude. En d'autres termes, le croyant est libre ; libre de vivre en paix, libre d'aller de l'avant et, par implication, libre de se remarier.

Il ne s'agit pas d'une autorisation pour le divorce occasionnel. C'est la reconnaissance qu'une alliance ne peut exister lorsqu'un partenaire l'a déjà détruite par abandon. Dieu, insiste Paul, a appelé ses enfants non pas à la servitude, mais à la paix.

L'ABANDON FONCTIONNEL À L'ÉPOQUE MODERNE

Paul a parlé des incroyants qui abandonnent le mariage. Mais qu'en est-il aujourd'hui où même les croyants professant peuvent agir comme des briseurs d'alliance

? Ici, le principe s'applique toujours. De nombreux pasteurs et conseillers reconnaissent qu'**un abandon fonctionnel** peut se produire lorsqu'un conjoint :

- **Abandonne physiquement la maison.** Se retire émotionnellement et néglige son conjoint. Refuse de travailler sur la relation ou de demander de l'aide. Adopte un comportement préjudiciable au mariage. Dans ces cas, la douleur et la trahison peuvent être tout aussi réelles que si le conjoint était parti physiquement. La douleur de l'abandon fonctionnel ne doit pas être prise à la légère, et il est important pour ceux qui en font l'expérience de chercher des conseils et du soutien pour naviguer dans les complexités d'une telle situation. En fin de compte, l'objectif reste la réconciliation et la restauration. Mais, parfois, cela peut ne pas être possible. Dans ces cas, le désir de Dieu que ses enfants vivent en paix doit être honoré.
- **Refuse** l'intimité, le partenariat ou tout devoir conjugal sans se repentir. Ce type d'abandon émotionnel peut être incroyablement douloureux et dommageable pour la santé globale du mariage. Sans repentance et sans volonté de travailler à rétablir la confiance et la connexion, la relation peut continuer à en souffrir. Demander conseil et conseils à un thérapeute de confiance ou à un chef spirituel peut aider à gérer les émotions et les décisions difficiles qui accompagnent l'abandon fonctionnel. En fin de compte, il est important d'ccorder la priorité à son propre bien-être et à sa santé mentale dans de telles situations, même si cela signifie prendre la décision difficile de se séparer ou de divorcer afin de

trouver la paix et la guérison.
- **Abus persistants -verbaux, émotionnels ou physiques.** S'engager de manière répétée dans des abus, qu'ils soient verbaux, émotionnels ou physiques, constitue un signe clair qu'un mariage est devenu toxique et dangereux. Dans de telles situations, il est essentiel que la personne victime accorde la priorité à sa sécurité et à son bien-être, même si cela implique de mettre fin à la relation. Chercher l'aide d'un conseiller, d'un thérapeute ou d'un leader spirituel peut offrir un soutien précieux et permettre de naviguer avec sagesse dans les démarches nécessaires pour quitter un mariage violent. Personne ne mérite de vivre sous l'emprise de la violence, sous quelque forme que ce soit. Prendre des mesures pour se protéger représente la première étape vers un avenir plus sain et plus équilibré.
- **Négligence grave des responsabilités familiales.** Le fait de négliger de manière persistante les besoins essentiels de la famille constitue également une forme d'abus, souvent moins visible, mais tout aussi destructrice. Une telle attitude peut exposer le conjoint et les enfants à de l'insécurité matérielle, émotionnelle et psychologique. Il est important que la personne qui en souffre reconnaisse que cette négligence est inacceptable et qu'elle demande de l'aide afin de préserver la stabilité et le bien-être de sa famille. En s'entourant de ressources appropriées, elle peut amorcer un processus de reconstruction et créer un environnement de vie plus sûr, plus positif et plus digne. Chacun mérite une relation fondée sur le respect, le soutien mutuel et la présence responsable — et agir pour mettre fin à la maltraitance est la première étape vers cette réalité.

Dans de tels cas, bien que la personne reste physiquement présente, elle a abandonné l'alliance en esprit. Tout comme le principe de Paul a libéré les croyants des chaînes de l'abandon, de même aujourd'hui, la sagesse doit discerner quand une alliance a déjà été détruite par une violation continue.

L'ÉQUILIBRE PASTORAL DE PAUL

Le génie de Paul dans 1 Corinthiens 7 est son équilibre. Il ne réduit pas le mariage à des légalités, ni ne traite l'alliance avec désinvolture. Il est à la fois intransigeant en vérité et tendre en grâce.

- Il honore le célibat comme un don, rappelant aux célibataires que leur dévotion peut être entièrement au Seigneur.
- Il reconnaît la faiblesse de l'homme : « Il vaut mieux se marier que de brûler de passion » (v. 9).
- Il insiste sur la fidélité dans la mesure du possible, mais il refuse de lier les croyants dans des situations d'abus ou d'abandon.

Le but de Paul n'est pas de créer de nouvelles chaînes, mais de conduire le peuple de Dieu vers la sainteté et la paix. La sagesse de Paul lorsqu'il aborde le mariage et le célibat dans 1 Corinthiens 7 est évidente dans son approche compatissante des dynamiques relationnelles complexes. Il reconnaît la réalité des désirs et des faiblesses de l'homme, mais souligne l'importance d'honorer Dieu en toutes circonstances. En prônant la fidélité et le respect dans le mariage, tout en reconnaissant la nécessité de se libérer des situations toxiques, Paul démontre une perspective équilibrée qui défend les valeurs de sainteté et de paix au sein de la communauté chrétienne. Ses enseignements continuent d'offrir des conseils et des idées aux croyants qui naviguent dans les complexités des relations dans le monde moderne.

ÉTUDE DE CAS : LE CONJOINT ABANDONNÉ

Imaginez une jeune épouse à Corinthe. Elle est venue au Christ, mais son mari païen se moque de ses prières, ridiculise sa foi et finit par l'abandonner. Sans les conseils de Paul, elle pourrait vivre condamnée, enchaînée à une alliance qui n'existe plus. Mais les paroles de Paul la libèrent : « Tu n'es pas esclave. Dieu vous a appelés à la paix. » Par ces paroles, l'épouse abandonnée se souvient de sa valeur et de sa dignité aux yeux de Dieu. Savoir qu'elle n'est pas une victime des actions de son mari lui donne la liberté d'aller de l'avant avec grâce et pardon. Les enseignements de Paul lui donnent la force et la clarté nécessaires pour surmonter les difficultés de sa situation et trouver la paix dans sa nouvelle foi. Sa sagesse continue de résonner à travers les âges, offrant espoir et guérison à tous ceux qui cherchent des conseils en période de troubles.

Ou imaginez un croyant moderne dont le conjoint refuse l'intimité, les insulte verbalement et néglige les enfants. Bien qu'ils restent dans la maison, ils ont abandonné l'alliance en esprit. Le principe de Paul s'applique : le croyant n'est pas appelé à la servitude mais à la paix. En suivant les enseignements de Paul, ce croyant moderne peut trouver le courage d'affronter le comportement de son conjoint et de chercher de l'aide pour lui-même et ses enfants. Ils peuvent puiser dans la force de leur foi pour prendre des décisions difficiles et, en fin de compte, trouver la paix en sachant qu'ils méritent un meilleur traitement. Tout comme la sagesse de Paul a guidé les générations précédentes, elle continue d'offrir réconfort et orientation à ceux qui font face à des circonstances difficiles dans leurs relations.

PERSPICACITÉ PROPHÉTIQUE : ALLIANCE ET PAIX

Remarquez la conclusion de Paul : « Dieu vous a appelés à la paix. » Le mariage n'a jamais été une prison de peur ou de désespoir. Il était censé être un sanctuaire d'amour et d'alliance. Lorsqu'il devient, au contraire, un lieu de tourment, le cœur de Dieu n'est pas de lier ses enfants, mais de les libérer dans la paix.

Il ne s'agit pas d'une licence pour fuir un travail acharné ou un conflit mineur. C'est une reconnaissance que l'alliance est sacrée, et quand une partie l'a déjà brisée, de manière irréparable, l'autre n'est pas condamnée à des chaînes.

APPLICATION PASTORALE

L'enseignement de Paul défie à la fois les pasteurs et les croyants d'aujourd'hui.

Il nous rappelle :

- **Le mariage entre deux croyants doit être farouchement surveillé.** Les séparations devraient être rares ; la réconciliation doit toujours être recherchée. Cependant, lorsque des abus, une infidélité ou un mal irréparable, ont été causés, Dieu ne s'attend pas à ce que ses enfants restent dans une situation toxique et dommageable. Au lieu de cela, il offre la liberté et la restauration à ceux qui ont été blessés au-delà de toute réparation. En tant que pasteurs, il est de notre devoir de fournir un soutien, des conseils et un espace sûr à ceux qui se trouvent dans des situations matrimoniales difficiles, en les orientant toujours vers la guérison et la grâce de Dieu. Le mariage est une alliance sacrée, mais il n'est pas destiné à être une prison pour ceux qui souffrent.
- **Les croyants mariés à des incroyants** ne doivent pas voir leur situation comme souillée, mais comme sanctifiée par leur foi. Leur présence est un témoin ; leurs prières, un autel. Nous devons rappeler à ceux qui luttent dans leur mariage qu'ils ne sont pas seuls et qu'il y a de l'espoir pour un avenir meilleur. En offrant de l'amour, de la compréhension et de la prière, nous pouvons les aider à naviguer dans l'obscurité et à trouver un chemin vers la guérison et la restauration. Mettons-nous à leurs côtés, élevons-les dans la prière et montrons-leur l'amour inconditionnel et la

grâce de Dieu. Le mariage peut avoir ses défis, mais avec la foi et la persévérance, tout est possible.

- **Là où l'abandon** se produit, qu'il soit physique ou fonctionnel, le croyant n'est pas lié. Dieu les appelle à la paix. Soyons une lueur d'espoir pour ceux qui sont confrontés à l'abandon dans leur mariage, en leur rappelant que le plan de Dieu pour eux est un plan de paix et de restauration. En leur exprimant notre amour et notre soutien, nous pouvons les aider à voir qu'ils ne sont pas seuls dans leurs luttes et qu'il existe un moyen d'avancer. Grâce à la foi et à la persévérance, ils peuvent trouver la force de surmonter leurs difficultés et de construire un mariage plus fort et plus épanouissant. L'amour et la grâce de Dieu sont toujours présents, nous guidant vers un avenir meilleur.

CONCLUSION

L'enseignement de Paul à Corinthe nous rappelle que l'Évangile ne crée pas de nouvelles chaînes ; ça les brise. Cela ne déprécie pas l'alliance ; il la sanctifie. Il n'ignore pas la brisure humaine ; il y apporte la paix. Sa sagesse pastorale est aussi actuelle aujourd'hui qu'elle l'était au premier siècle.

En avançant, nous devons nous rappeler : Jésus nous a donné la vision et Paul nous a donné l'application. Ensemble, ils nous rappellent que le mariage est saint, que l'alliance est sacrée et que le désir de Dieu pour ses enfants n'est pas l'esclavage, mais la paix. Alors que nous naviguons dans les complexités des relations et du mariage dans notre monde moderne, tenons-nous aux vérités que Paul a transmises aux Corinthiens. N'oublions pas que l'Évangile est un message de liberté, de rédemption et de rétablissement. C'est une lumière qui nous guide à travers les ténèbres, nous conduisant vers un avenir rempli d'espoir et de joie. Puissions-nous toujours nous efforcer d'imiter l'amour et la grâce dont Jésus et Paul ont été l'exemple, sachant qu'en faisant cela, nous honorons

Dieu et honorons l'alliance sacrée du mariage !

PARTIE II

QUAND L'ALLIANCE EST ROMPUE

CHAPITRE 6

SÉVICES, NÉGLIGENCE ET VIOLATION DE L'ALLIANCE

Quand l'alliance est rompue : Lutter contre la violence et la négligence dans le

Le divorce n'est jamais la première intention de Dieu. Le mariage a été conçu pour être une alliance d'amour, de sécurité et de joie. Pourtant, il y a des moments où un conjoint peut crier : « Je ne suis pas en sécurité dans ma propre maison. Je ne suis pas aimé dans ma propre alliance. Celui qui a juré de me chérir est en train de me détruire. » Ce ne sont pas des histoires rares. Elles sont chuchotées dans les couloirs de l'église, révélées lors des séances de conseil et cachées dans les ecchymoses et les esprits brisés des hommes et des femmes.

Dans ce chapitre, nous devons faire face à une question douloureuse mais nécessaire : qu'en est-il de la maltraitance et de la négligence ? Alors que la Bible parle clairement de l'adultère et de l'abandon, les cris des opprimés dans le mariage ne peuvent être ignorés. Si l'alliance est censée refléter l'amour du Christ pour son Église, que se passe- t-il lorsque cette alliance devient un lieu de violence et de trahison ?

« Le Seigneur a rendu témoignage entre toi et la femme de ta jeunesse, à laquelle tu as été *infidèle, bien qu'elle soit ta compagne et ta femme par alliance. Ne les a- t-Il pas faits un, avec une portion de l'Esprit dans leur union ?... Car l'homme qui n'aime pas sa femme, mais qui divorce, dit le Seigneur, le Dieu d'Israël, couvre son vêtement de violence* (Mal. 2:14-16).

Le langage est saisissant : **la violence.** Dieu assimile le traitement infidèle d'un conjoint à la violence et à la trahison. La violence, qu'elle soit physique, verbale, émotionnelle ou sexuelle, est plus qu'un « problème de mariage ». C'est une violation de l'alliance à son niveau le plus profond.

Le mariage est censé refléter l'amour du Christ pour son épouse (Éphésiens 5:25- 33). L'abus déforme ce miroir. Au lieu de donner sa vie pour un conjoint, l'agresseur utilise son pouvoir pour écraser, manipuler ou contrôler. Un tel comportement n'est pas seulement un péché contre un conjoint, c'est une trahison contre Dieu, qui est le témoin de l'alliance. C'est une perversion du lien sacré que le mariage est censé être. Le cœur de Dieu se brise pour ceux qui souffrent dans des relations abusives, et Il nous appelle à nous opposer à un tel mal et à protéger les personnes vulnérables. En tant que disciples du Christ, nous ne devons pas fermer les yeux sur les abus qui se trouvent parmi nous, mais plutôt les affronter avec amour, vérité et justice. Efforçons-nous de créer des mariages et des relations qui reflètent vraiment l'amour désintéressé et la grâce de notre Sauveur !

LA VIOLENCE PHYSIQUE : LA VIOLENCE CONTRE SA PROPRE CHAIR

Paul enseigne : « Celui qui aime sa femme s'aime lui-même. Car personne n'a jamais *haï sa propre chair, mais il la nourrit et la chérit* » (Éphésiens 5:28-29). Frapper un conjoint, c'est donc frapper sa propre chair. C'est l'autodestruction et la violation de l'alliance.

La violence physique détruit la confiance, la sécurité et l'intimité. Il transforme la maison, censée être un sanctuaire, en un champ de bataille. Lorsque les contusions remplacent les étreintes, l'alliance est déjà rompue. Il est essentiel que les couples se souviennent que la violence physique est une violation de l'alliance sacrée du mariage. En faisant du mal à son conjoint, on finit par se nuire à soi-même. La destruction causée par la violence physique s'étend bien au-delà des blessures physiques, mais détruit également la confiance, la sécurité et l'intimité au sein de la relation. Au lieu d'un sanctuaire, la maison devient un lieu de peur et de douleur. Il est crucial pour les couples de chercher de l'aide et de la guérison afin de restaurer l'amour et la grâce qui devraient être le fondement de leur mariage.

TÉMOIGNAGE : LA SOUFFRANCE SILENCIEUSE D'UN BERGER

C'était un homme bon et un fidèle serviteur de Dieu, connu dans sa congrégation pour son humilité, sa patience et sa prière. Deux ans après son mariage, Dieu l'a béni, lui et sa femme, avec une belle petite fille. Pour beaucoup, ils ressemblaient à la famille parfaite, preuve que l'obéissance apporte la bénédiction. Mais derrière les portes closes, l'histoire était très différente.

Cela a commencé par de petites disputes qui se sont transformées en cris. Bientôt, les cris se sont transformés en violence physique. Les mêmes mains qui le tenaient autrefois en affection sont devenues des instruments de douleur. À plus d'une occasion, elle l'a frappé avec une telle force qu'elle a fait couler du sang. Il cacha les ecchymoses sous sa chemise et les coupures derrière des explications répétées. Comment un pasteur, un homme de Dieu, a-t-il pu admettre que celle qu'il aimait était devenue son agresseur ?

Pendant des années, il a persévéré en silence, convaincu que s'il priait davantage, jeûnait plus longtemps ou aimait plus fort, les choses changeraient. Sa plus grande crainte n'était pas pour sa sécurité, mais pour le nom du Seigneur et l'opinion de l'Église. « Que penseraient les gens s'ils le savaient ? », murmurait-il souvent en larmes.

Un soir, alors que leur fille avait dix ans, la violence a de nouveau éclaté. Elle vit sa mère frapper son père avec quelque chose de tranchant. Terrifiée, elle a appelé la police. Lorsque les policiers sont arrivés, le pasteur a tenté de protéger sa femme, refusant de porter plainte, mais l'État est intervenu de son propre chef. Une ordonnance restrictive a été émise et, pour la première fois depuis des années, l'homme de Dieu a été forcé de faire face à la fois à la liberté et à la honte.

Des années ont passé depuis cette nuit-là, mais les cicatrices demeurent, certaines sur sa peau, la plupart dans son âme. Même s'ils sont légalement séparés, il se demande toujours si mettre fin à la relation ne le ferait pas paraître infidèle. Au traumatisme de l'abus s'ajoute maintenant le tourment de la culpabilité. Son cœur demande : « Si je m'en vais, est-ce que je trahirai l'appel ? Vont-ils encore me voir comme un berger ou comme un échec ? »

Mais la réponse du ciel est différente. Dieu n'a jamais voulu que l'alliance devienne une cage. La même Parole qui commande la fidélité commande aussi la paix. L'Écriture dit : « Dieu nous a appelés à la paix » (1 Corinthiens 7:15). Rester dans une situation qui détruit l'âme n'honore pas Dieu ; il nie son image en nous.

L'histoire de ce pasteur nous rappelle que les abus, sous quelque forme et contre toute personne, violent l'alliance même que le mariage était censé protéger. Le silence peut préserver les apparences, mais il tue l'esprit. La vérité et la guérison commencent au moment où la lumière pénètre dans les lieux cachés.

LEÇONS DE SON PARCOURS

1. **La maltraitance n'a pas de sexe.** Les hommes et les femmes peuvent souffrir en silence, et l'Église doit faire de la place pour tous ceux qui ont besoin d'aide.
2. **Le Pacte n'autorise jamais la cruauté.** Le dessein de Dieu pour le mariage est la paix, pas la punition.
3. **Le silence renforce l'asservissement.** La guérison commence lorsque la vérité est dite, même si les chuchotements se transforment en gros titres.
4. **Le leadership spirituel n'annule pas les besoins humains.** Les pasteurs ne sont pas à l'abri de la douleur ; ils ont besoin d'espaces sûrs pour guérir.
5. **La grâce fournit un chemin de paix.** Lorsqu'un conjoint incroyant ou abusif s'éloigne de la vie d'alliance, les Écritures libèrent le croyant de l'esclavage.

DÉCLARATION PROPHÉTIQUE

Puisse chaque homme ou chaque femme cachée derrière des titres de ministère mais saignant dans le silence trouver le courage de parler, la sagesse d'agir et la grâce de guérir ! Que l'Église se lève pour défendre les blessés sans jugement ! Et que la paix de Dieu, plus forte que la honte, garde chaque cœur qui ose entrer dans la lumière ! Puisse chaque pasteur qui lutte en silence trouver le soutien et la guérison dont il a besoin au sein de sa communauté ! Il est important pour l'Église de fournir un espace sûr pour que tous les individus, quel que soit leur titre, puissent chercher de l'aide et trouver la paix. Unissons-nous dans l'unité pour protéger et élever ceux qui souffrent, en leur montrant l'amour et la grâce de Dieu dans le besoin !

Dieu n'appelle jamais ses enfants à rester en danger. La sécurité n'est pas secondaire à l'engagement ; cela fait partie de l'alliance. Lorsque la violence physique se produit sans repentir, l'agresseur a déjà abandonné son vœu d'aimer et de protéger. Il est de notre devoir en tant qu'Église d'intervenir et d'offrir du soutien aux personnes victimes d'abus, en les guidant vers la sécurité et la guérison. En restant unis dans l'unité, nous pouvons créer une communauté où tous les individus se sentent valorisés et protégés. Continuons à montrer de l'amour et de la grâce à ceux qui sont dans le besoin, en reflétant la compassion et l'attention de Dieu dans tout ce que nous faisons.

VIOLENCE VERBALE ET PSYCHOLOGIQUE : DES BLESSURES SANS CICATRICES

Tous les abus ne laissent pas de marques visibles. Les mots, les attitudes et les schémas de manipulation peuvent laisser des cicatrices plus profondes que les ecchymoses. La violence verbale et psychologique peut lentement ébranler l'estime de soi et la confiance d'une personne, la laissant isolée et impuissante. Les blessures infligées par des mots cruels et la manipulation émotionnelle peuvent être tout aussi dommageables que la violence physique, sinon plus. Il est important de reconnaître que la violence, sous quelque forme que ce soit, n'est pas acceptable dans une relation saine et qu'il est essentiel de demander de l'aide et du soutien pour se libérer du cycle de la violence.

- **Proverbes 12:18** avertit : « *Les paroles des téméraires percent comme des épées, mais la langue du sage apporte la guérison.* »
- **Colossiens 3:19** ordonne aux maris : « Aimez vos femmes, et ne soyez pas durs avec elles. »

La violence psychologique peut inclure des critiques constantes, l'humiliation, l'isolement des amis et de la famille ou le contrôle de chaque décision. La victime commence à remettre en question sa valeur, sa santé mentale et même son droit d'exister. De tels abus ne sont peut-être pas criés du haut des chaires, mais ils résonnent dans d'innombrables foyers chrétiens. Il est important que les personnes dans une relation abusive reconnaissent les signes de violence psychologique et demandent de l'aide. Personne ne mérite d'être traité d'une manière aussi humiliante et contrôlante, quelle que soit sa foi ou ses croyances. Chercher le soutien d'amis, de membres de la famille ou de professionnels de confiance peut fournir la force et les conseils nécessaires pour se libérer du cycle de la violence et travailler à la guérison et à l'autonomisation. N'oubliez pas que vous êtes digne d'amour, de respect et d'une relation heureuse et saine.

ÉTUDE DE CAS : TRAHISON À BUT LUCRATIF

Un ami pasteur m'a parlé un jour d'une femme dont le mari, dans le but d'avancer, s'est arrangé pour qu'elle accompagne ses superviseurs à des « réunions sociales ». À trois reprises, il l'a laissée vulnérable à leurs avances sexuelles, essentiellement en trafiquant sa propre femme dans l'espoir d'une promotion. Après la troisième épreuve, elle a refusé d'y retourner. En réponse, il lui a envoyé une lettre de divorce.

Que pouvait-elle faire ? Que ferait Dieu ? Et que conseillerait Paul ?

Les Écritures répondent par des principes plutôt que par la jurisprudence.

Le pacte a déjà été violé. Malachie 2:14 appelle le mariage « l'alliance de ton Dieu », et le verset 16 déclare que Dieu hait « l'homme qui couvre son vêtement de violence ». Livrer son conjoint à la violence, c'est briser cette alliance de la manière la plus violente.

La parole de Paul dans 1 Corinthiens 7:15 s'applique : « Si l'incrédule s'en va, qu'il s'en aille. Un frère ou une sœur n'est pas sous la servitude dans de tels cas » ; Dieu nous a appelés à la paix. Ici, le « départ » comprend les actions qui abandonnent ou détruisent l'essence du lien matrimonial.

Le cœur du Christ n'exigerait jamais que quelqu'un reste dans une alliance qui est devenue un contrat d'exploitation. Son ministère libérait les captifs et ne les maintenait liés au tourment.

La sagesse pastorale défend donc à la fois la protection et la paix : la partie lésée est libre de se séparer, de guérir et, si la restauration s'avère impossible, de reconstruire la vie sous la grâce.

LEÇONS DE SON HISTOIRE

1. **L'exploitation, c'est l'abandon.** Lorsqu'un conjoint utilise le corps d'un autre à des fins lucratives, l'alliance est rompue.
2. **Le silence protège les prédateurs.** L'Église doit nommer les abus pour ce qu'ils sont.
3. **La paix de Dieu l'emporte sur l'apparence sociale.** Rester en danger ne glorifie pas Dieu.
4. **La grâce libère la victime, pas l'oppresseur.** La miséricorde couvre la repentance, pas la manipulation.
5. **La guérison commence par la vérité.** Ce qui est exposé peut être racheté.

DÉCLARATION PROPHÉTIQUE

Puisse chaque victime cachée de la trahison trouver le courage de parler ! Que la justice coule comme les eaux, et que le Dieu qui voit redonne dignité, paix et détermination à ceux dont la confiance a été vendue à des fins lucratives ! Le Dieu qui respecte l'alliance guérit toujours les violés et les appelle libres.

Puisse le pouvoir de la vérité et de la responsabilité briser les chaînes du silence et apporter la lumière dans les ténèbres de la violence ! Soyons solidaires des opprimés et œuvrons à l'avènement d'une société où les personnes vulnérables sont protégées et où les auteurs sont tenus responsables de leurs actes ! Puissions-nous tous nous efforcer de créer un monde où l'amour, la justice et la guérison prévalent !

L'ABANDON SILENCIEUX

La négligence est une autre forme de violation de l'alliance. Les Écritures en parlent directement dans **Exode 21:10-11**. Un mari avait reçu l'ordre de fournir à sa femme de la nourriture, des vêtements et des droits matrimoniaux. S'il échouait, elle devait être libérée. Le principe est clair : la négligence des responsabilités conjugales fondamentales est une forme d'abandon.

Paul renforce cela dans **1 Timothée 5:8** : « Si quelqu'un ne pourvoit pas aux besoins de ses proches, et surtout aux membres de sa maison, il a renié la foi et est pire qu'un incroyant. »

La négligence ne crie peut-être pas, mais elle murmure la destruction dans un mariage. Un mari qui refuse de travailler, une femme qui refuse l'intimité et un partenaire qui refuse la présence émotionnelle – tout cela crée un vide où l'alliance meurt de faim.

TÉMOIGNAGE : L'ALLIANCE QUI REFUSAIT DE MOURIR

Elle s'est tenue devant Dieu et des témoins le 24 septembre 1966, à 10h00, rayonnante d'attente. Ma mère s'est mariée en croyant, comme tant d'autres, que l'amour et la foi suffiraient à la soutenir. Mais le voyage qui a suivi a mis à l'épreuve chacun des vœux qu'elle a faits.

Mon père était un homme charmant et plein de potentiel, mais ses difficultés avec d'autres femmes et son incapacité à rester ancré dans l'alliance lui ont causé une douleur que peu de gens pouvaient supporter.

Peu de temps après le mariage, il s'est éloigné. Il est revenu brièvement pour me concevoir, est reparti, est revenu des années plus tard pour concevoir ma sœur Suzie, puis a disparu pour de bon.

À partir de ce moment, ma mère a vécu ce que je ne peux décrire que comme une alliance unilatérale. Elle est restée mariée de nom, mais seule en réalité, élevant seule ses enfants, luttant contre les difficultés financières et menant des batailles invisibles dans la prière. De nombreuses nuits, elle s'est battue en esprit contre les influences et les femmes qui entouraient la vie de mon père, se tenant à la place d'un homme qui l'avait quittée depuis longtemps.

Elle ne s'est jamais considérée comme libre d'aller de l'avant ; elle croyait que la fidélité signifiait rester jusqu'à la mort, même si l'amour était mort des décennies auparavant. Son endurance était héroïque, mais c'était aussi un portrait de ce qui se passe lorsque la révélation manque.

Si elle avait connu la Parole dans sa plénitude, c'est-à-dire que « si l'incrédule s'en va, qu'il s'en aille ; un frère ou une sœur n'est pas sous la servitude dans de tels cas » (1 Corinthiens 7:15), son histoire aurait pu être écrite différemment. La connaissance lui aurait épargné des années de souffrance silencieuse. Grâce l'aurait relâchée plus tôt.

Pourtant, je l'honore non pas pour ce qu'elle ne savait pas, mais pour la foi qu'elle a vécue avec la lumière qu'elle avait. Elle s'est battue pour une alliance en laquelle elle croyait, a tenu bon dans la prière et a prouvé que, même dans l'ignorance de la loi, la miséricorde de Dieu soutient les personnes sincères.

Lorsque mon père est décédé le 11 septembre 2012, elle était toujours légalement sa femme, quarante-six ans après ce matin de mariage. Pourtant, aux yeux du ciel, elle avait déjà obtenu son diplôme avec honneur : une femme qui aimait au-delà de la raison, pardonnait au-delà de toute mesure et endurait au-delà de l'entendement.

Son histoire nous rappelle que la fidélité de l'alliance sans révélation mène à la captivité, mais que la fidélité renforcée par la révélation aboutit à la liberté. Dieu n'a jamais demandé à ses enfants de souffrir dans l'ignorance ; il nous appelle à marcher dans la vérité où la grâce et la paix abondent.

LEÇONS DE SON PARCOURS

1. **L'ignorance de la vérité prolonge la douleur inutile.** Ce que nous ne savons pas peut nous garder liés même lorsque la grâce dit que nous sommes libres.
2. **L'endurance sans révélation peut préserver les apparences mais coûter la vie intérieure.** Dieu désire l'obéissance éclairée par la lumière et non la souffrance dans les ténèbres.
3. **La grâce nous rencontre là où la connaissance fait défaut.** Dieu honore toujours la sincérité, même lorsque la compréhension est incomplète.
4. **L'Écriture, et non l'émotion, doit être la source de la fidélité à l'alliance.** L'amour sans la vérité peut conduire à l'esclavage, mais la vérité avec l'amour conduit à la paix.
5. **Sa vie parle encore.** Ce qu'elle a porté en silence est maintenant devenu un témoignage qui libère les autres.

DÉCLARATION PROPHÉTIQUE

Puisse le Dieu qui a racheté ses larmes racheter les années de tous ceux qui lisent cette histoire ! Que la révélation remplace la confusion, que la sagesse remplace la culpabilité et que la grâce réécrive la fin de ceux qui ont souffert sans savoir qu'ils étaient déjà libres ! Puisse cette histoire servir de lueur d'espoir pour ceux qui se sentent piégés dans leurs propres luttes, leur rappelant que l'amour et la vérité de Dieu sont les clés de la véritable libération ! Laissons-nous inspirer par son exemple de fidélité, et puissions-nous aussi marcher en alliance avec Dieu, guidés par sa Parole et nourris par son amour ! Et puissions-nous tous faire l'expérience de la puissance transformatrice de la rédemption de Dieu dans nos vies, transformant notre douleur en but et nos épreuves en triomphes !

DIEU NOUS A APPELÉS À LA PAIX

Les paroles de Paul dans **1 Corinthiens 7:15** résonnent ici : « Dieu vous a appelés à la paix. » Le mariage n'est pas censé être une cage de souffrance. Lorsque la maltraitance ou la négligence transforme l'alliance en tourment, la victime n'est pas tenue de rester esclave.

Cela ne signifie pas que tout mariage difficile est un motif de divorce. Les conflits, l'imperfection et les difficultés font partie de la vie. Mais les abus persistants, la négligence impénitente et la trahison violente ne sont pas des « luttes conjugales ». Ce sont des péchés qui brisent l'alliance.

TÉMOIGNAGE : L'AMOUR QUI A RETROUVÉ LE CHEMIN DE LA MAISON

Bertha a épousé un homme qui a servi dans l'armée, discipliné en uniforme, mais indiscipliné dans les vœux sacrés du mariage. Bien qu'ils aient eu la chance d'avoir quatre beaux enfants, leur maison s'est lentement effilochée sous le poids de son infidélité. Chaque promesse qu'il faisait se dissolvait dans une autre trahison jusqu'à ce qu'il déclare finalement que le mariage était trop confinant pour la vie qu'il voulait. Il divorça de Berthe et s'en alla, certain que la liberté l'attendait au-delà des limites de l'alliance.

Dix-sept longues années ont passé. Les enfants sont devenus adultes, ont fondé leur propre famille et ont donné à Bertha des petits-enfants qui l'adoraient. Pourtant, même si les générations grandissaient, une blessure silencieuse persistait : l'absence d'un père et d'un grand-père qui avaient choisi la voie de la volonté propre. Bertha, cependant, refusa de laisser l'amertume devenir son héritage. Elle travaillait dur, priait avec ferveur et aimait profondément, faisant confiance à Dieu pour être l'époux des abandonnés et le défenseur des fidèles. Sa force est devenue le point d'ancrage de la famille.

Puis, un jour, l'inattendu s'est produit. Le même homme qui s'était autrefois éloigné est revenu frapper à la porte, cette fois non pas comme un soldat en quête d'aventure, mais comme un homme brisé en quête de miséricorde. L'âge et le regret lui avaient appris ce que la jeunesse et l'orgueil lui avaient fait voir : que la plus grande liberté se trouve dans l'amour de l'alliance. Il a demandé pardon. Les enfants, maintenant eux-mêmes parents, ont eu du mal ; des décennies de silence ne peuvent être effacées par des excuses uniques. Pourtant, Berthe, poussée par la grâce, choisit la voie supérieure. « Si Dieu a pu me pardonner, dit-elle doucement, comment pourrais-je ne pas lui pardonner ? »

J'ai eu l'honneur d'officier leur remariage dans mon bureau un mardi matin tranquille. Il n'y avait pas de fleurs ni de foule, seulement deux personnes se tenaient une fois de plus devant le Dieu de l'alliance. À la fin de la cérémonie, je leur ai dit : « Cette fois, construisez le mariage que vous avez toujours espéré tous les deux. » Nous les avons renvoyés avec une lune de miel payée pour le reste de la semaine afin qu'ils puissent recommencer à zéro, non pas comme des victimes du passé, mais comme des témoins de la rédemption.

Ce dimanche-là, je les ai présentés à l'église. Lorsqu'ils ont marché main dans la main, l'assemblée s'est levée. Des larmes ont coulé lorsque les enfants, les petits-enfants et les fils et filles spirituels ont vu devant eux la preuve indéniable de la puissance restauratrice de Dieu. Leur histoire n'avait pas besoin d'être un sermon ; il prêchait la grâce plus fort que n'importe quelle parole.

LEÇONS DE LEUR PARCOURS

Aucune distance n'est trop grande pour que la grâce puisse la parcourir. Dix-sept ans et deux générations plus tard, Mercy a quand même trouvé un moyen.

Le pardon ouvre des portes que le temps seul ne peut pas ouvrir. Seul un cœur livré à Dieu peut accueillir la maison prodigue.

La restauration guérit plus de deux personnes, elle guérit les familles. Les petits-enfants héritent de la paix lorsque les parents choisissent la grâce.

La vraie repentance rachète les années perdues. Ce que l'orgueil a détruit, l'humilité reconstruite.

Dieu prend plaisir à réécrire les histoires de famille. L'amour de l'alliance, une fois rompu, est devenu un témoignage que des générations raconteront.

DÉCLARATION PROPHÉTIQUE

Puisse la même grâce qui a réuni Berthe et son mari dans tous les foyers où il y a eu des regrets et des séparations ! Que la miséricorde répare les familles brisées et permette aux enfants et aux petits-enfants de voir l'amour ressusciter ! Le Dieu qui a restauré leur alliance reconstruit encore aujourd'hui les foyers.

LE RÔLE DE L'ÉGLISE : PASTEUR OU PARTENAIRE SILENCIEUX ?

Trop souvent, l'Église s'est trompée dans ses conseils. On dit aux victimes d'endurer. Les agresseurs sont protégés en raison de leur réputation publique. Le divorce est condamné plus bruyamment que la violence qui l'a provoqué. Dans de tels cas, l'Église devient complice de la violation de l'alliance.

L'Église doit au contraire :

- **Protéger les personnes vulnérables.** Fournir du soutien et des ressources aux personnes en situation de violence. Encourager la responsabilisation et le repentir pour ceux qui ont causé du tort. Promouvoir la guérison et la restauration des familles qui ont été brisées. En travaillant activement à défendre le caractère sacré du mariage tout en accordant la priorité à la sécurité et au bien-être de tous, l'Église peut vraiment remplir son rôle de berger et non de partenaire silencieux dans la résolution des problèmes de dysfonctionnement familial et de violence.
- **Confronter l'agresseur avec vérité et discipline.** Il est crucial pour l'Église de confronter l'agresseur à la fois avec vérité et discipline, en le tenant responsable de ses actes et en lui donnant l'occasion de se repentir et de changer. Ce faisant, l'Église peut aider à briser le cycle des abus et à prévenir d'autres dommages. Ce n'est qu'en prenant position contre les abus et en travaillant activement à la promotion de la guérison et de la restauration que l'Église peut vraiment remplir son devoir de protéger et de soutenir tous les membres de sa communauté.
- **Créer des espaces sûrs où les victimes peuvent trouver refuge.** L'Église peut offrir un lieu de réconfort et de soutien à ceux qui ont subi des abus en créant des espaces sûrs où les victimes peuvent trouver refuge. Il est essentiel pour l'Église de donner la priorité au bien-être et à la sécurité de ses membres,

en particulier ceux qui ont subi un traumatisme. En offrant un sanctuaire aux victimes pour qu'elles puissent chercher de l'aide et de la guérison, l'Église peut démontrer son engagement envers la justice et la compassion pour tous ceux qui ont souffert aux mains d'agresseurs. Ce faisant, l'Église peut vraiment incarner ses valeurs d'amour, de pardon et de rédemption.

- **Prêcher que Dieu déteste la violence autant qu'il déteste le divorce**. Il est crucial pour l'Église de travailler activement à la prévention des abus et au soutien de ceux qui en ont été affectés. En dénonçant la violence et en offrant un espace sûr aux victimes pour demander de l'aide, l'Église peut jouer un rôle essentiel pour briser le cycle des abus et promouvoir la guérison au sein de la communauté. Par l'éducation, le plaidoyer et la compassion, l'Église peut vraiment incarner le message d'amour et de justice qui est au cœur de ses croyances.

AVERTISSEMENT PROPHÉTIQUE

Lorsque les Églises protègent les abuseurs plutôt que les victimes, elles profanent l'autel de l'alliance et attristent l'Esprit de Dieu. L'Église doit également offrir un soutien et des ressources à ceux qui ont été victimes d'abus, en les guidant vers la guérison et la justice. En défendant les opprimés et en tenant les auteurs pour responsables, l'Église peut vraiment incarner l'amour et la justice de Dieu. Ne pas le faire non seulement perpétue le mal, mais ternit également la réputation et l'intégrité de l'Église dans son ensemble. Il est crucial pour l'Église de donner la priorité à la sécurité et au bien-être de tous ses membres, en vivant les valeurs de compassion, de vérité et de justice.

PARDON ET RESTAURATION

Qu'en est-il du pardon ? Les victimes sont souvent poussées à pardonner et à se réconcilier rapidement. Pourtant, le pardon ne signifie pas le retour au danger. Le pardon libère l'amertume ; la réconciliation exige la repentance et un changement prouvé. Il est important pour l'Église de donner la priorité à la guérison et à la sécurité des victimes, d'abord et avant tout. Le pardon ne doit pas être précipité ou forcé, car la véritable réconciliation ne peut venir que lorsqu'il y a un véritable remords et un engagement à changer de la part de l'auteur. En donnant la priorité au bien-être de tous les membres et en tenant les auteurs pour responsables, l'Église peut vraiment incarner les valeurs de compassion, de vérité et de droiture d'une manière qui reflète l'amour et la justice de Dieu.

La véritable restauration implique :

- **La confession des** péchés. Repentir. Faire amende honorable. Chercher le pardon. Ce sont toutes des étapes cruciales dans le processus d'une véritable restauration au sein de la communauté ecclésiale. Sans ces éléments essentiels, la réconciliation ne peut être pleinement réalisée. Ce n'est que par une humilité authentique et une volonté de changer que la guérison et l'unité peuvent être restaurées au sein du corps des croyants. Puissions-nous toujours nous efforcer de défendre ces principes dans notre quête de justice et de grâce !
- **Le repentir sincère, la responsabilité et le désir sincère** d'arranger les choses sont tous des éléments essentiels dans le processus d'un véritable rétablissement. C'est en reconnaissant nos fautes, en cherchant le pardon et en prenant des mesures concrètes vers la réconciliation que nous pouvons vraiment refléter l'amour et la miséricorde de Dieu dans nos relations les uns avec les autres. Alors que nous continuons à pratiquer l'humilité et la grâce, puissions-nous toujours nous rappeler que la véritable restauration est un voyage qui exige de la patience, de la compréhension et un engagement à rechercher la justice et la droiture dans tout ce que nous faisons ! Ne faiblissons jamais dans notre quête de guérison et d'unité au sein de la

communauté ecclésiale, en nous efforçant toujours d'être des réceptacles de l'amour et du pardon de Dieu dans tout ce que nous disons et faisons.

- **Les structures de responsabilisation** sont essentielles pour garantir que nous restons responsables les uns envers les autres et devant Dieu. En nous tenant mutuellement pour responsables de nos actions et de nos comportements, nous pouvons favoriser une culture de transparence et de confiance au sein de notre communauté. Grâce à une communication ouverte et une volonté d'aborder les conflits et les problèmes de front, nous pouvons travailler à la construction d'un corps de croyants plus fort et plus uni. N'ayons pas peur des conversations difficiles ou des moments difficiles, mais penchons-nous plutôt sur eux avec courage et un engagement envers la croissance et la réconciliation. Ensemble, nous pouvons créer une communauté qui reflète l'amour et la grâce de notre Sauveur, Jésus-Christ.
- **Un long processus de rétablissement de la confiance.** Ce processus peut être exigeant et nécessiter du temps, de la patience et des efforts, mais il demeure essentiel pour la guérison et la croissance au sein de notre communauté. En affrontant nos défis avec honnêteté, humilité et ouverture, nous pouvons progresser ensemble vers un avenir meilleur. N'oublions pas que, grâce à notre foi commune et à notre engagement mutuel, il est possible de surmonter les obstacles et d'en sortir plus forts qu'auparavant. Ensemble, nous pouvons reconstruire la confiance et bâtir une communauté où rayonne la lumière de l'amour de Dieu.

Là où il n'y a **pas de repentance, il ne peut y avoir de restauration**. Les personnes maltraitées peuvent pardonner dans leur cœur, mais la réconciliation n'est pas exigée par Dieu lorsque la sécurité et l'alliance sont continuellement violées. Il est crucial que ceux qui ont causé du tort assument la responsabilité de leurs actes et cherchent le pardon avec un cœur sincère. Sans une véritable repentance, il ne peut y avoir de véritable guérison ou de restauration dans notre communauté. Il est important de donner la priorité à la sécurité et au bien-être de tous les membres, et ceux qui ont abusé de la confiance doivent être tenus pour responsables de leurs actes. Ce n'est qu'en se repentant sincèrement et en s'engageant à changer que nous pouvons vraiment rétablir la confiance et créer une communauté qui reflète l'amour et la grâce de Dieu.

APPLICATION PASTORALE

La violence n'est pas une « difficulté conjugale » ; c'est une trahison de l'alliance. En tant que pasteurs et chefs spirituels, il est de notre devoir de traiter les cas d'abus au sein de nos congrégations avec le sérieux et la gravité qu'ils méritent. Nous ne devons pas minimiser ou rejeter la violence comme un simple problème conjugal, mais plutôt la reconnaître pour ce qu'elle est vraiment : une trahison de l'alliance sacrée entre partenaires. Il est essentiel que nous fournissions du soutien et des ressources à ceux qui ont été lésés tout en tenant l'agresseur pour responsable de ses actes. En défendant les valeurs de justice, de compassion et de responsabilité, nous pouvons travailler à la création d'une communauté sûre, solidaire et reflétant l'amour de Dieu. Par exemple, si un membre de notre congrégation fait des allégations de violence familiale, nous devons réagir rapidement et avec compassion. Il peut s'agir de mettre la victime en contact avec des refuges locaux ou des services de conseil, tout en encourageant l'agresseur à demander de l'aide par le biais d'une thérapie ou de groupes de soutien. En prenant une position ferme contre les abus et en fournissant des ressources aux victimes et aux auteurs, nous pouvons montrer que notre communauté s'engage à promouvoir la guérison et à prévenir les préjudices futurs.

- **La négligence n'est pas une faiblesse mineure** ; c'est l'abandon au ralenti. Nous devons être vigilants dans nos efforts pour aborder et combattre la violence domestique au sein de notre congrégation, car négliger d'agir ne fait que perpétuer le cycle du mal. Il est de notre devoir, en tant que membres de la communauté, de soutenir et d'élever ceux qui souffrent et de demander des comptes à ceux qui sont responsables de leurs actes. En promouvant activement une culture d'amour, de compassion et de responsabilité, nous pouvons créer un environnement sûr et stimulant où tous les individus peuvent s'épanouir et trouver la guérison. Soyons solidaires contre les abus, car ce n'est que par l'unité et l'empathie que nous pouvons vraiment refléter l'amour de Dieu dans nos actions. Par exemple, notre congrégation pourrait mettre sur pied un groupe de soutien pour les survivantes de violence familiale, en leur offrant un espace sûr pour partager leurs expériences et recevoir des conseils de professionnels qualifiés. De plus, nous pourrions organiser des ateliers éducatifs et des séances de formation pour sensibiliser les gens aux signes de violence et donner aux individus les moyens d'intervenir dans des situations potentiellement dangereuses.

- **Les victimes doivent être identifiées, protégées et guéries**. En nous unissant en tant que communauté, nous pouvons briser le cycle de la violence et créer un environnement plus sûr et plus compatissant pour tous. Il est de notre devoir en tant que croyants de dénoncer l'injustice et de veiller à ce que tous les individus soient traités avec dignité et respect. Grâce à nos efforts collectifs, nous pouvons avoir un impact positif et montrer aux autres le véritable pouvoir de l'amour et du soutien. Ensemble, nous pouvons faire une différence et apporter de l'espoir à ceux qui ont vécu le traumatisme de la violence.

RÉFLEXION

1. Avons-nous, en tant qu'Église, parfois traité les victimes d'abus comme si leur souffrance était moins importante que la préservation des apparences ?

2. Comprenons-nous que la paix, la sécurité et l'amour ne sont pas facultatifs dans l'alliance, mais essentiels ?
3. Comment pouvons-nous restaurer le témoignage prophétique du mariage alors que tant d'alliances sont profanées par la violence cachée ?

PRIÈRE

Seigneur, Tu es un refuge pour les opprimés et une forteresse dans les moments de détresse. Nous pleurons pour chaque homme ou chaque femme qui vit dans la peur derrière des portes closes. Fais briller ta lumière dans des endroits cachés. Dénonce les œuvres des ténèbres. Guérissis les blessés, affronte l'agresseur et rétablis l'alliance là où coule le vrai repentir. Là où la paix est absente, appelle tes enfants à la liberté. Au nom de Jésus, amen.

CONCLUSION

Ce chapitre nous rappelle avec force que les sévices, la négligence et toute forme de violence ne sont pas de simples « problèmes de couple », mais de véritables violations de l'alliance que Dieu a voulue comme lieu de paix, de sécurité et de reflet de l'amour du Christ pour son Église. Quand le mariage devient cage, terreur ou exploitation, l'alliance a déjà été trahie par celui qui maltraite, et Dieu n'exige jamais de ses enfants qu'ils restent esclaves dans un contexte de destruction. La Parole affirme que « Dieu nous a appelés à la paix » : cela signifie protéger les victimes, confronter les abuseurs, briser le silence, refuser les conseils spirituels qui sacralisent l'apparence au détriment des âmes blessées. L'Église est appelée non à couvrir la violence, mais à être refuge, lumière et justice, en prêchant que Dieu hait la violence autant qu'il hait le divorce, et en accompagnant avec grâce les chemins de protection, de guérison, de séparation parfois, et, lorsque c'est possible et authentique, de véritable restauration fondée sur la repentance et la vérité.

CHAPITRE 7

LE FOYER BRISÉ : L'IMPACT DU DIVORCE SUR LES ENFANTS, LA COMMUNAUTÉ ET LES NATIONS

Échos au-delà de la maison

LE DIVORCE N'EST JAMAIS UN événement isolé. Ce n'est pas seulement l'effilochage de deux vies, mais aussi la déchirure d'une alliance qui se répercute à l'extérieur comme des ondulations sur un étang. Ce qui commence à la maison se propage aux enfants, aux familles élargies, aux communautés et même au destin des nations. Lorsque Dieu a déclaré dans Malachie 2:16 : « Je hais le divorce », ce n'est pas parce qu'Il déteste les gens qui divorcent, mais parce qu'Il voit à quel point cela blesse des générations et déstabilise le tissu même de la société. L'impact du divorce sur les enfants est particulièrement profond, car ils sont souvent pris au milieu du conflit et forcés de naviguer dans la tourmente émotionnelle qui l'accompagne. Les familles élargies sont également touchées, car les relations deviennent tendues et les loyautés sont divisées. Les communautés ressentent également l'effet d'entraînement, avec une augmentation des ménages monoparentaux et un changement dans les normes sociales. Les unités familiales sont le fondement de la société, de sorte que l'instabilité que provoque le divorce peut finalement avoir un impact significatif sur l'avenir des nations. C'est un rappel qui donne à réfléchir sur l'importance de préserver et de protéger le caractère sacré du mariage.

L'IMPACT SUR LES ENFANTS : VICTIMES SILENCIEUSES DES ALLIANCES NON RESPECTÉES

Les enfants sont souvent les victimes cachées du divorce. Les parents peuvent éprouver un soulagement après des années de conflit, mais les enfants voient rarement la séparation comme une libération. Pour eux, c'est souvent la confusion, la peur et une lutte de toute une vie avec les questions d'identité et d'appartenance. Ils peuvent se blâmer pour la séparation de leurs parents, ce qui entraîne des sentiments de culpabilité et une faible estime de soi. L'absence d'une unité familiale stable peut également affecter leur développement émotionnel et psychologique, ce qui a un impact sur leurs relations et leur capacité à faire confiance aux autres à l'avenir. En tant que société, il est essentiel de fournir du soutien et des ressources aux enfants qui traversent un divorce afin de les aider à traverser cette période difficile et à renforcer leur résilience pour l'avenir.

Aperçu biblique :

Malachie 2:15 nous rappelle que Dieu fait du mari et de la femme un parce qu'il désire une « postérité pieuse ». Le divorce perturbe ce dessein divin. Il fragmente la couverture spirituelle sous laquelle les enfants étaient censés grandir.

RÉSULTATS PSYCHOLOGIQUES ET SOCIOLOGIQUES

Des études montrent que les enfants des divorcés sont plus susceptibles de souffrir d'anxiété, de dépression, de difficultés scolaires et de problèmes de comportement. Cela souligne l'importance de fournir à ces enfants les outils et le soutien nécessaires pour les aider à faire face aux effets émotionnels et psychologiques de la séparation de leurs parents. En offrant des ressources telles que des conseils, des groupes de soutien et l'accès à des professionnels de la santé mentale, nous pouvons aider les enfants à développer la résilience nécessaire pour surmonter ces défis et prospérer face à l'adversité. Il est de notre responsabilité, en tant que société, de veiller à ce que les enfants des divorcés aient la possibilité de guérir et de devenir des personnes saines et bien adaptées, en dépit des difficultés auxquelles ils peuvent être confrontés.

Ils sont statistiquement plus enclins à adopter des comportements à risque à l'adolescence et à vivre des relations brisées à l'âge adulte. En abordant ces problèmes dès le début et en fournissant aux enfants les outils et le soutien nécessaires, nous pouvons aider à atténuer les effets à long terme du divorce sur leur bien-être émotionnel et psychologique. Il est crucial pour les parents de mettre de côté leurs différences et de se concentrer efficacement sur la coparentalité pour assurer la stabilité et le bonheur de leur enfant. Avec les bonnes ressources et les bons conseils, les enfants peuvent apprendre à faire face aux changements apportés par le divorce et devenir des individus résilients et prospères.

Beaucoup développent une peur de l'engagement, répétant le cycle d'instabilité qu'ils ont observé dans leur propre maison. Cependant, avec l'intervention et la thérapie appropriées, les enfants peuvent surmonter leurs peurs et leurs insécurités pour nouer des relations saines à l'avenir. Il est important que les parents demandent de l'aide professionnelle pour leurs enfants si nécessaires et qu'ils créent un environnement favorable et stimulant pour qu'ils puissent guérir et s'épanouir. En brisant le cycle de l'instabilité et en fournissant aux enfants les outils dont ils ont besoin pour relever les défis du divorce, nous pouvons les aider à construire une base solide pour leur bonheur et leur réussite futurs.

ÉTUDE DE CAS

James avait douze ans lorsque ses parents ont divorcé. Il se souvient d'avoir entendu les bagarres, mais il se souvient aussi de s'être accroché à l'espoir qu'un jour, ils se réconcilieraient. Lorsque son père est finalement parti, James n'a pas seulement perdu un parent à la maison ; il a perdu son sentiment de sécurité dans le monde. En tant qu'homme, il avait du mal à faire confiance aux femmes, s'attendant toujours à l'abandon. Le départ de son père avait semé une graine de peur qui a porté ses fruits des décennies plus tard.

Cette peur se manifestait dans ses relations, l'amenant à repousser les gens avant qu'ils ne puissent lui faire du mal. Il luttait contre des sentiments d'inadéquation et d'indignité, croyant qu'il ne méritait ni l'amour ni le bonheur. La thérapie a aidé James à déballer ces croyances profondément ancrées et à guérir des blessures du divorce de ses parents. Grâce au counseling, il a réappris à faire confiance, à communiquer ouvertement et honnêtement avec ses partenaires et à lâcher prise de la peur qui l'avait retenu captif pendant si longtemps. James a été en mesure de créer des relations saines et épanouissantes et de briser le cycle de douleur et de dysfonctionnement qui affligeait sa famille depuis des générations.

CONSÉQUENCE SPIRITUELLE

Les enfants du divorcé luttent souvent avec leur image de Dieu en tant que Père. Si les pères terrestres abandonnent, comment peut-on faire confiance à un Père céleste ? À moins que l'Église n'intervienne avec une guérison intentionnelle et une formation de disciples, ces blessures peuvent se calcifier en incrédulité.

L'IMPACT SUR LES FAMILLES : DES RÉPERCUSSIONS À TRAVERS LES GÉNÉRATIONS

Le divorce ne se contente pas de séparer deux personnes, elle se répercute sur les familles élargies. Les enfants du divorcé portent souvent le fardeau de la rupture dans leurs propres relations et familles, perpétuant ainsi le cycle du dysfonctionnement. Les frères et sœurs peuvent être aux prises avec leurs propres sentiments d'abandon et de peur de l'engagement, ce qui entraîne des relations tendues avec leur partenaire et leurs enfants. L'impact du divorce peut se faire sentir pendant des générations, à moins qu'une guérison et une restauration intentionnelles n'aient lieu au sein de l'unité familiale. Il est crucial pour l'Église et la communauté d'offrir un soutien et des conseils aux personnes touchées par le divorce afin de briser le cycle de la douleur et du dysfonctionnement pour les générations futures.

Les grands-parents perdent le contact constant avec leurs petits-enfants. Cette perte peut être dévastatrice pour les grands-parents et les petits-enfants, car ils ratent l'occasion de nouer des relations étroites et de créer des souvenirs durables ensemble. Les grands-parents peuvent également ressentir un sentiment d'impuissance lorsqu'ils voient leurs propres enfants se débattre avec les conséquences d'un divorce. Il est important pour l'Église et la communauté de fournir des ressources et de l'aide aux grands-parents qui traversent cette situation difficile, car leur soutien peut aider à atténuer certains des effets négatifs du divorce sur les générations futures.

Les frères et sœurs sont contraints à des loyautés divisées, s'alignant parfois sur un parent plutôt qu'un autre. Cela peut créer des tensions et des conflits au sein de la famille, car les frères et sœurs peuvent se sentir obligés de choisir leur camp ou se sentir coupables d'entretenir des relations avec les deux parents. Il est crucial pour les parents de donner la priorité au bien-être de leurs enfants et de travailler ensemble pour co-élever efficacement les enfants, en veillant à ce que leurs enfants ne soient pas pris au milieu. En favorisant une communication ouverte et une coopération, les familles peuvent aider leurs enfants à relever les défis du divorce et à maintenir des relations solides avec tous les membres de la famille. Il est important que toutes les personnes impliquées donnent la priorité aux besoins des enfants et s'efforcent de créer un environnement favorable et aimant dans lequel ils peuvent s'épanouir.

Les jours fériés deviennent parfois des champs de bataille autour des horaires plutôt que des célébrations de l'unité familiale. Il est pourtant essentiel que les parents mettent de côté leurs différends et se concentrent sur ce qui est le mieux pour leurs enfants, pendant et après le divorce. En accordant la priorité à leurs besoins, ils peuvent offrir un environnement stable et bienveillant dans lequel les enfants se sentent en sécurité et aimés. Grâce à une coparentalité et à une communication efficaces, les familles peuvent veiller à ce que les jours de fête ne soient pas éclipsés par les conflits, mais qu'ils soient au contraire remplis de joie et de précieux souvenirs pour chacun. Il est donc crucial que les parents travaillent ensemble à construire une relation de coparentalité paisible et harmonieuse, centrée sur le bien-être et le bonheur de leurs enfants.

ILLUSTRATION

Imaginez une réunion de famille pour Noël. Dans un foyer où l'alliance reste intacte, la journée est remplie de rires, de repas partagés et de la joie des générations unies. Mais, au lendemain d'un divorce, Noël devient deux réunions, puis trois, chacune avec son propre courant sous-jacent de tension. Au lieu d'un autel familial, plusieurs autels fracturés émergent. Les enfants sont pris au milieu, se sentant déchirés entre leurs parents et luttant pour naviguer dans les complexités des loyautés divisées. La dynamique familiale autrefois unie est maintenant mise à rude épreuve, les vacances servant de rappel douloureux de ce qui était autrefois. Cependant, avec une communication ouverte, des compromis et un engagement commun à faire passer les enfants en premier, les coparents peuvent s'efforcer de créer de nouvelles traditions et de nouveaux souvenirs qui privilégient le bien-être et le bonheur de leurs enfants, même face au divorce.

PERSPICACITÉ PROPHÉTIQUE

Le divorce multiplie les autels. Au lieu de servir de point d'alliance où la présence de Dieu est honorée, les foyers fracturés dispersent les affections et les loyautés. Ce n'est pas seulement relationnel, c'est spirituel. Les autels brisés produisent des sacrifices brisés.

L'IMPACT SUR LES COMMUNAUTÉS : FOYERS BRISÉS, RUES BRISÉES

Les familles fortes sont l'épine dorsale de communautés fortes. Lorsque les foyers sont stables, les enfants s'épanouissent, la criminalité diminue et la confiance sociale augmente. Lorsque les maisons s'effondrent, les effets se répercutent sur les écoles, les quartiers et les économies locales. Les communautés, où les taux de divorce sont élevés, connaissent souvent des niveaux plus élevés de criminalité, de pauvreté et de troubles sociaux. Les enfants issus de foyers brisés sont plus susceptibles d'éprouver des difficultés scolaires et émotionnelles, ce qui entraîne un besoin accru de services sociaux et d'intervention. L'effet d'entraînement du divorce peut se faire sentir dans toute une communauté, ce qui a un impact sur tout, de la valeur des propriétés à la cohésion de la communauté. Il est clair que la santé de nos familles a un impact direct sur la santé de nos quartiers et de nos villes.

RÉFLEXION BIBLIQUE

Le psaume 127:1 déclare : « Si le Seigneur ne bâtit la maison, ceux qui la bâtissent *travaillent en vain.* » Les familles ne sont pas seulement des unités privées, mais aussi des fondations spirituelles pour des sociétés entières. Lorsqu'elles s'effondrent, les murs de la communauté s'affaiblissent.

OBSERVATIONS SOCIOLOGIQUES

- **Les communautés où le taux de divorce est élevé** connaissent souvent des niveaux de pauvreté plus élevés. En effet, le divorce peut entraîner une instabilité financière pour les familles, ce qui peut à son tour avoir un impact sur la santé économique globale d'une communauté. De plus, les enfants de familles divorcées peuvent avoir des difficultés scolaires et sociales, ce qui peut avoir des conséquences à long terme pour la communauté dans son ensemble. Il est clair qu'il est essentiel de soutenir des familles fortes et en santé pour le bien-être de nos collectivités.
- **Les écoles sont confrontées à une augmentation des problèmes de comportement** à mesure que les enfants portent des traumatismes dans les salles de classe. Cela peut entraîner une baisse des résultats scolaires et des taux d'abandon plus élevés, perpétuant ainsi le cycle de la pauvreté et de l'instabilité. Les enseignants peuvent également avoir du mal à fournir le soutien et les ressources nécessaires aux élèves qui font face aux conséquences émotionnelles d'un divorce. Afin de relever ces défis, il est important que les écoles fournissent des services de conseil et créent un environnement favorable pour les enfants de familles divorcées. En investissant dans le bien-être de ces élèves, les communautés peuvent aider à briser le cycle de la pauvreté et à assurer un avenir meilleur pour tous.
- **Les systèmes de services sociaux sont débordés**, détournant des ressources qui auraient pu contribuer à la prospérité de la communauté. En donnant la priorité à la santé mentale et aux besoins émotionnels des enfants issus de familles divorcées, les écoles peuvent aider à prévenir les effets négatifs à long terme sur leur rendement scolaire et leur bien-être général. De plus, en fournissant des services de conseil et un environnement favorable, les écoles peuvent donner à ces élèves les moyens de surmonter les défis auxquels ils sont confrontés et de s'épanouir dans leurs

études. En fin de compte, investir dans la réussite des enfants de familles divorcées profitera non seulement aux individus eux-mêmes, mais contribuera également à la prospérité et à la stabilité globales de la communauté dans son ensemble.

ÉTUDE DE CAS

Dans une ville américaine, des sociologues ont suivi les quartiers où l'éclatement des familles est élevé. Ces secteurs affichaient systématiquement une activité plus élevée des gangs, des taux de diplomation plus faibles et plus de crimes violents. La conclusion était claire : là où les pères étaient absents et les mariages brisés, la communauté elle-même souffrait d'instabilité.

Cette instabilité s'est manifestée de diverses manières, des luttes économiques aux troubles sociaux. Les enfants qui grandissent dans ces quartiers sont confrontés à des obstacles croissants pour réussir à l'école et manquent souvent des systèmes de soutien nécessaires pour s'épanouir. En conséquence, beaucoup d'entre eux étaient plus sensibles aux influences négatives et adoptaient des comportements à risque, perpétuant ainsi le cycle de la pauvreté et de la criminalité. L'impact de l'éclatement de la famille sur la communauté a été indéniable, soulignant la nécessité d'interventions et de systèmes de soutien pour s'attaquer aux causes profondes de ces problèmes. En investissant dans des programmes qui fournissent des ressources et des conseils aux enfants de familles divorcées, nous pouvons aider à briser ce cycle et à créer une communauté plus stable et plus prospère pour tous ses résidents.

RÉFLEXION PASTORALE

Lorsque les pasteurs passent plus de temps à conseiller les familles brisées qu'à équiper les familles stables, la mission de l'Église ralentit.

L'évangélisation communautaire devient une gestion de crise. Au lieu d'envoyer les familles comme des lumières, l'église dépense son énergie à panser les blessures.

Ce changement d'orientation peut avoir des effets néfastes sur la santé globale et la croissance de la communauté ecclésiale. Il est crucial pour les pasteurs non seulement de fournir un soutien et des conseils aux familles en crise, mais aussi d'investir dans des programmes qui favorisent des relations saines et empêchent les problèmes de s'aggraver jusqu'à la rupture. En donnant la priorité à l'équipement de familles stables, l'Église peut créer une base de force et de résilience qui profitera à toute la communauté à long terme. Cette approche proactive peut aider à briser le cycle du dysfonctionnement et à créer une communauté ecclésiale plus dynamique et plus prospère.

L'IMPACT SUR LES NATIONS : LES FONDATIONS ÉBRANLÉES

Une nation n'est aussi forte que ses familles. Il ne s'agit pas d'une simple rhétorique, mais d'une réalité biblique.

Le psaume 11:3 **demande : « Si *les fondements sont détruits, que peuvent faire les justes ?* »** La famille est le fondement de la civilisation. Les gouvernements, les économies et les cultures sont construits sur la stabilité du foyer. Lorsque les pactes familiaux s'effondrent, la fondation nationale s'affaiblit.

L'Empire romain, à son apogée, a vu le mariage et la famille s'effondrer. Le divorce est devenu monnaie courante. Les enfants étaient abandonnés. L'immoralité sexuelle était endémique. Les historiens notent souvent que l'éclatement de la famille a été l'un des précurseurs du déclin de Rome.

Les conséquences d'une structure familiale affaiblie sont évidentes tout au long de l'histoire, comme en témoigne le déclin de l'Empire romain. Sans fondations familiales solides, les sociétés luttent pour maintenir la stabilité et la cohésion. L'éclatement de l'unité familiale peut entraîner une myriade de problèmes sociaux, notamment la pauvreté, la criminalité et les problèmes de santé mentale. Il est crucial pour les individus et les communautés d'accorder la priorité au bien-être des familles afin d'assurer une société prospère. En défendant les valeurs d'engagement, d'amour et de soutien au sein de l'unité familiale, nous pouvons créer une base solide sur laquelle les générations futures pourront s'appuyer.

APPLICATION À HAÏTI ET AU-DELÀ

En Haïti, où vous et moi portons un lourd fardeau, les effets des familles brisées sont visibles partout. L'absence de père, la pauvreté et la violence des gangs ne sont pas seulement des problèmes politiques ; ils sont le fruit amer de foyers brisés. Si nous voulons reconstruire des nations, nous devons commencer par reconstruire des familles. Les écoles, les gouvernements et les économies ne peuvent prospérer là où le pacte est ignoré.

La clé de la transformation d'Haïti et d'autres pays en crise réside dans la restauration de l'unité familiale. En favorisant des relations solides entre les parents et les enfants, nous pouvons briser le cycle du dysfonctionnement et de la pauvreté qui sévit dans tant de communautés. C'est par le pouvoir de l'amour et de l'engagement que nous pouvons créer un avenir meilleur pour tous. Travaillons ensemble pour fortifier les familles et bâtir un monde meilleur pour les générations à venir !

PARALLÈLE PROPHÉTIQUE

Le divorce dans la maison reflète la division dans la nation. Tout comme un mari et une femme en conflit affaiblissent leur foyer, les dirigeants politiques en conflit affaiblissent leur pays. La guérison à l'autel familial n'est donc pas seulement une restauration personnelle, mais aussi une intercession nationale. En favorisant des relations saines et aimantes au sein de nos familles, nous créons non seulement une base solide pour les générations futures, mais nous contribuons également au bien-être général de notre société. Tout comme une famille brisée peut conduire au dysfonctionnement et à la pauvreté, une nation divisée peut conduire au chaos et à l'instabilité. Efforçons-nous de réparer les fractures dans nos familles et nos communautés afin d'ouvrir la voie à un avenir plus harmonieux et plus prospère pour tous !

LE DIVORCE COMME COMBAT SPIRITUEL

Derrière les conséquences sociales et émotionnelles se cache une réalité plus profonde : le divorce est un combat spirituel. Satan déteste le mariage parce qu'il reflète Christ et l'Église (Éphésiens 5:32). S'il peut briser la maison, il peut déformer le message de l'Évangile et paralyser les générations futures. En reconnaissant que le divorce est un outil de l'ennemi, nous pouvons aborder la question avec un sentiment renouvelé d'urgence et de détermination. Il est essentiel pour nous de lutter contre les forces qui cherchent à détruire l'institution sacrée du mariage et à protéger la cellule familiale à tout prix. Par la prière, la persévérance et l'engagement à défendre les valeurs bibliques, nous pouvons combattre le combat spirituel entourant le divorce et travailler à la guérison et à la restauration dans nos familles et nos communautés.

Le divorce prive les enfants de leur héritage divin. Il est de notre responsabilité, en tant que croyants, de rester fermes dans notre foi et de résister à la tentation de céder aux mensonges de l'ennemi. Nous devons donner l'exemple de mariages sains et aimants à nos enfants et nos petits-enfants, en leur montrant la vraie beauté et la sainteté de l'alliance conjugale. En restant enracinés dans la parole de Dieu et en cherchant ses conseils en toutes choses, nous pouvons briser le cycle du divorce et créer un héritage de force et d'unité pour les générations à venir. Unissons-nous dans la prière et l'unité, luttant contre les forces des ténèbres qui cherchent à déchirer ce que Dieu a uni. Cependant, il y a des cas où même les croyants fervents, qui restent fermes dans leur foi, finissent quand même par divorcer pour diverses raisons telles que l'infidélité, les abus ou des différences irréconciliables. Il est important de reconnaître que tous les mariages ne peuvent pas être sauvés simplement en restant enracinés dans la parole de Dieu, et parfois le divorce peut être la meilleure solution pour que les deux parties trouvent la paix et la guérison.

Elle érode le témoignage prophétique des familles chrétiennes. Les mariages sont censés refléter l'amour et l'unité du Christ et de l'Église, et le divorce peut être une décision douloureuse et difficile. Cependant, il est essentiel de se rappeler que Dieu est un Dieu de grâce et de pardon et qu'il peut apporter la guérison et la restauration même au milieu de la rupture. En tant que communautés chrétiennes, nous devons offrir soutien et compréhension à ceux qui traversent le divorce, en leur apportant de l'amour et de la compassion en lieu et place du jugement et de la condamnation. En nous rassemblant dans la prière et l'unité, nous pouvons être une source de force et d'espoir pour ceux qui font face aux défis du divorce, en les aidant à trouver la guérison et la plénitude dans l'amour de Dieu.

Il déstabilise les nations en fragilisant leurs plus petites unités. Le divorce ne touche pas seulement les individus et les familles, mais il peut aussi avoir des implications sociétales plus larges. Lorsque les mariages se dissolvent, cela peut conduire à l'effondrement de l'unité familiale, qui est le fondement de la société. Cela peut avoir un effet d'entraînement, provoquant de l'instabilité et des troubles au sein des communautés et, en fin de compte, affectant la stabilité de la nation dans son ensemble. Il est donc crucial pour nous, en tant que société, de soutenir et d'élever ceux qui traversent le divorce, en les aidant à traverser cette période difficile avec grâce et compassion. Grâce à nos efforts collectifs, nous pouvons travailler à bâtir des communautés plus fortes et plus résilientes qui sont capables de résister aux tempêtes de la vie.

C'est pourquoi l'ennemi investit tant d'énergie dans la destruction des mariages. Chaque foyer brisé n'est pas seulement une tragédie personnelle, mais aussi une victoire spirituelle pour les forces des ténèbres. Il est important pour nous de reconnaître l'importance de relations solides et saines dans notre société. En soutenant les personnes qui vivent un divorce et en les aidant à guérir, nous aidons non seulement les personnes dans le besoin, mais nous contribuons également au bien-être général de nos communautés. Nous devons nous unir et lutter contre les forces destructrices qui cherchent à nous déchirer et nous efforcer plutôt de construire une société qui valorise et nourrit les relations pour le bénéfice de tous. Soyons une lueur d'espoir et de compassion dans un monde qui semble souvent sombre et turbulent, éclairant le chemin de la guérison et de l'unité.

LA RESPONSABILITÉ PROPHÉTIQUE DE L'ÉGLISE

L'Église ne peut pas rester les bras croisés pendant que le divorce ravage les familles, les enfants et les nations. Il faut :

- **Prêcher la sainteté de l'alliance avec audace.** Nous devons rappeler à nos congrégations l'importance de l'engagement et de la fidélité dans le mariage, en encourageant les couples à chercher des conseils et du soutien lorsqu'ils sont confrontés à des défis. De plus, nous devons plaider en faveur de politiques et de programmes qui favorisent des relations saines et fournissent des ressources aux personnes dans le besoin. En tant qu'Église, il est de notre devoir d'être une voix de vérité et d'amour dans un monde qui glorifie souvent l'individualisme et la satisfaction instantanée. Donnons l'exemple et montrons au monde le pouvoir transformateur de la foi et de la communauté dans l'établissement de relations solides et prospères.

- **Entourer les enfants du divorce de pères et de mères spirituels** qui peuvent les guider et les soutenir alors qu'ils font face aux défis de grandir dans un foyer brisé. En investissant dans la prochaine génération et en créant un réseau de modèles aimants et engagés, nous pouvons aider à briser le cycle des relations brisées et à jeter les bases de la stabilité et de l'amour pour les générations futures. Ensemble, nous pouvons créer une communauté où le mariage est honoré, où les familles sont soutenues et où les individus sont encouragés à vivre leur foi dans tous les aspects de leur vie.

Ne fermons pas les yeux sur ceux qui luttent dans leur mariage, mais offrons plutôt une main secourable et une oreille attentive. En nous rassemblant en tant que communauté, nous pouvons fournir les conseils et le soutien nécessaires pour entretenir et renforcer les relations. Soyons des phares d'espoir et d'amour, en montrant aux autres la beauté et l'épanouissement qui découlent du respect de nos engagements et de la fidélité à nos partenaires !

Ensemble, nous pouvons faire une différence dans la vie de ceux qui nous entourent et créer un monde où des relations saines et aimantes prospèrent.

- **Guérir les familles, pas seulement les individus.** En faisant preuve de compassion et de compréhension envers les personnes qui éprouvent des difficultés dans leur mariage, nous pouvons aider à réparer les relations brisées et à rétablir l'harmonie au sein des familles. Il est important de reconnaître que le bien-être d'une unité familiale est interconnecté et qu'en apportant la guérison à l'ensemble des familles, nous pouvons créer un effet d'entraînement de positivité et de croissance. Ne sous-estimons pas le pouvoir de notre soutien pour favoriser des liens solides et aimants qui résistent à l'épreuve du temps et de l'adversité. Ensemble, nous pouvons être une source de force et d'encouragement pour ceux qui en ont besoin, en finissant par bâtir une communauté dans laquelle des relations saines et prospères sont la norme.

- **Proclamer que la reconstruction des familles fait partie de la reconstruction des nations.** En tant que croyants, nous devons travailler activement à restaurer les relations brisées et à promouvoir des unités familiales fortes. L'Église a la responsabilité prophétique d'aborder les questions du divorce et de son impact sur la société. En prêchant le caractère sacré de l'alliance, en apportant un soutien aux enfants du divorce et en apportant la guérison aux familles, nous pouvons jouer un rôle crucial dans la reconstruction des nations à partir de la base. Assumons cette responsabilité avec courage et conviction, sachant que nos efforts apporteront des changements positifs dans nos communautés et au-delà.

À l'époque de Néhémie, alors que les murs de Jérusalem étaient en ruines, chaque famille se voyait attribuer une partie de la muraille à reconstruire. De la même manière, l'Église peut s'atteler à la tâche de reconstruire les murs brisés des familles et de la société en abordant de front la question du divorce. Tout comme chaque famille à l'époque de Néhémie a joué un rôle crucial dans la reconstruction de la ville, chaque membre de l'Église peut jouer un rôle essentiel dans la restauration du tissu de la société par son soutien et son engagement à renforcer les unités familiales. Unissons-nous dans l'unité et la détermination, sachant que nos efforts ne seront pas vains, mais qu'ils mèneront à un avenir meilleur pour les générations à venir ! De même, aujourd'hui, chaque famille dans l'Église doit être fortifiée afin qu'ensemble, nous reconstruisions les murs spirituels de nos communautés et de nos nations.

En fortifiant les familles et en défendant les valeurs du mariage et de l'unité familiale, nous pouvons créer une base solide sur laquelle la société peut s'épanouir. Tout comme chaque famille, à l'époque de Néhémie, a joué un rôle crucial dans la reconstruction des murs de Jérusalem, chaque famille de l'Église peut également contribuer à la restauration de nos communautés et de nos nations. Soyons unis dans l'unité et la détermination, sachant que nos efforts auront un impact durable sur les générations à venir !

CONCLUSION

Le divorce est plus qu'un échec personnel. Il s'agit d'un tremblement de terre spirituel et sociétal. Ses répliques se répercutent sur les enfants, fracturent les familles, déstabilisent les communautés et affaiblissent les nations. Pourtant, le cœur de Dieu est toujours rédempteur. Il appelle l'église à être un lieu de guérison pour ceux qui sont brisés, un sanctuaire pour les enfants, une forteresse pour les familles et un autel pour les nations.

En nous rassemblant en tant que famille d'Église, nous avons l'occasion d'être des agents de changement et de restauration dans nos communautés et nos nations. Grâce à nos efforts collectifs et à notre unité, nous pouvons avoir un impact durable qui transcendera les générations. Travaillons à réparer les blessures laissées par le divorce, à fortifier les familles et à reconstruire nos communautés tout en suivant le cœur rédempteur de Dieu ! Ensemble, nous pouvons être une lueur d'espoir et de lumière dans un monde souvent sombre et brisé.

Si nous guérissons la famille, nous guérissons la nation. Si nous rétablissons l'alliance, nous restaurons l'autel. Ne soyons pas complaisants ou apathiques, mais plutôt proactifs et intentionnels dans notre mission d'apporter des changements positifs. En faisant preuve d'amour, de grâce et de compassion envers ceux qui sont dans le besoin, nous pouvons créer un effet d'entraînement qui se propage au loin. Restons fermes dans notre foi et ayons confiance que Dieu nous utilisera comme instruments de sa paix et de sa Réconciliation ! Ensemble, nous pouvons faire une différence et laisser un héritage d'amour et de restauration pour les générations futures.

CHAPITRE 8

LES AUTELS FAMILIAUX ET LES MALÉDICTIONS GÉNÉRATIONNELLES DANS LE MARIAGE

Patrimoine et servitude

L E MARIAGE N'EXISTE PAS DANS le vide. Chaque couple apporte dans son union non seulement ses expériences personnelles, mais aussi l'héritage spirituel de sa lignée familiale. Dans les Écritures, ces modèles hérités sont souvent liés à *des autels* – des lieux d'alliance, de culte et de sacrifice qui s'alignent soit avec Dieu -, soit avec les ténèbres. À moins que ces autels familiaux ne soient traités, ils continuent d'influencer les mariages et les relations, souvent sans s'en rendre compte. En reconnaissant et en brisant les malédictions générationnelles associées aux autels familiaux, les couples peuvent créer un nouvel héritage d'amour et de restauration pour leurs propres enfants et les générations futures. Il est important pour les couples d'identifier les modèles négatifs ou les influences de leurs antécédents familiaux et d'y remédier par la prière, le conseil et les actions intentionnelles. Ce faisant, ils peuvent construire une base solide pour leur mariage qui est enracinée dans l'amour et la grâce de Dieu plutôt que dans les ténèbres du passé.

QUE SONT LES AUTELS FAMILIAUX ?

Dans la Bible, un autel est plus qu'un tas de pierres. C'est une porte spirituelle, un endroit où le ciel et la terre se rencontrent, où les alliances sont établies et où les sacrifices invitent soit à la bénédiction de Dieu, soit à l'influence démoniaque.

- **Les autels divins** (comme celui d'Abraham dans Genèse 12:7-8) établissent l'alliance avec le Seigneur et apportent la bénédiction à des générations. La création d'un autel familial est un moyen pour les couples d'inviter la présence de Dieu dans leur mariage et leur foyer. En consacrant un espace spécifique à la prière, à l'adoration et à la réflexion, ils construisent activement une base spirituelle qui guidera leur relation. Tout comme l'autel d'Abraham a apporté des bénédictions à ses descendants, un autel familial peut servir de rappel de la fidélité et de la grâce de Dieu pour les générations à venir. C'est un symbole puissant d'engagement l'un envers l'autre et envers Dieu, qui donne le ton d'un mariage fermement enraciné dans la foi.
- **Les autels impies** (comme ceux d'Achab et de Jézabel, 1 Rois 16:32-33) invitent à la servitude, à l'idolâtrie et aux malédictions qui affectent les familles pendant des générations. L'installation d'un autel familial ne garantit pas nécessairement un mariage réussi ou une fondation spirituelle, car les relations sont complexes et nécessitent plus qu'un simple symbole physique d'engagement pour prospérer. De plus, la présence d'un autel familial ne protège pas automatiquement contre les influences négatives ou ne garantit pas les bénédictions, comme on le voit dans le cas d'Achab et de Jézabel dans la Bible. Par conséquent,

il est crucial pour les couples d'établir un autel familial centré sur Dieu et ses principes. Cet espace sacré peut servir de lieu d'unité, de paix et de croissance spirituelle pour toute la famille. En créant intentionnellement un espace de prière et d'adoration, les couples invitent la présence et les bénédictions de Dieu dans leur mariage et leur foyer. Ce faisant, ils posent une base solide qui résistera aux épreuves et aux défis qui se présenteront à eux, menant finalement à une relation profondément enracinée dans la foi et l'amour.

Un *autel familial* peut être littéral (pratiques idolâtres, sorcellerie, culte des ancêtres) ou figuratif (modèles de péché, dépendances, abus, trahison). Ces autels crient à travers la lignée jusqu'à ce que quelqu'un les affronte en Christ. Bien que la création d'un espace de prière et de culte puisse être bénéfique pour la croissance spirituelle, il est important de se méfier des pratiques ou des croyances potentiellement nuisibles qui peuvent être associées à certains types d'autels, qu'ils soient littéraux ou figuratifs. Il est essentiel de discerner et d'aborder toute influence négative qui pourrait entraver une véritable croissance spirituelle au sein de la famille.

BASE BIBLIQUE DE L'IMPACT GÉNÉRATIONNEL

- **Exode 20:5** : « Moi, *l'Éternel, ton Dieu, je suis un Dieu jaloux, qui inflige l'iniquité des pères aux enfants jusqu'à la troisième et à la quatrième génération de ceux qui me haïssent.* »
- **Lamentations** : « Les pères *ont péché et ne sont plus ; C'est nous qui avons porté leurs iniquités.*
- **Jean 9:2-3** : Les disciples demandent si un homme est né aveugle à cause du péché de ses parents. Jésus change de perspective : toutes les souffrances ne sont pas générationnelles, mais certaines découlent en effet de lignées ancestrales.

Ces versets montrent que le péché peut créer des modèles, transmis comme de l'ADN spirituel, jusqu'à ce qu'ils soient brisés en Christ.

COMMENT LES AUTELS FAMILIAUX AFFECTENT LE MARIAGE

En posant un fondement de foi et de valeurs qui peuvent aider les couples à surmonter les obstacles et à renforcer leur relation, les autels familiaux créent un espace de prière, de réflexion et de croissance spirituelle, permettant aux couples de se connecter à un niveau plus profond et de se soutenir mutuellement dans leur voyage ensemble. En donnant la priorité à leur relation avec Dieu et l'un avec l'autre par le biais d'une dévotion régulière et d'une communication à l'autel familial, les couples peuvent construire un mariage solide et durable, enraciné dans l'amour, la confiance et le respect mutuel. Bien que les autels familiaux puissent certainement fournir un espace de croissance spirituelle et de connexion, ce n'est pas nécessairement une garantie que les couples auront un mariage fort et durable uniquement basé sur cette pratique. La construction d'un mariage réussi nécessite plus qu'une dévotion et une communication régulières sur l'autel familial, car les facteurs externes et les différences individuelles jouent également un rôle important dans le succès d'une relation.

MODÈLES D'INFIDÉLITÉ ET DE DIVORCE

Si l'adultère ou l'abandon étaient courants dans une lignée familiale, les enfants le répétaient souvent sans le savoir.

Exemple : Abraham a menti au sujet de Sarah, Isaac a répété la même chose avec Rebecca, et Jacob a trompé pour obtenir une bénédiction : des schémas traversent les lignées. Il est important que les couples soient conscients de ces schémas et qu'ils s'efforcent activement de briser le cycle par une communication ouverte et la recherche de conseils du Saint-

Esprit. Cette prise de conscience peut aider les couples à reconnaître les comportements destructeurs et à travailler ensemble pour construire une relation plus saine. En reconnaissant les modèles d'infidélité et de divorce dans leur histoire familiale, les couples peuvent prendre des mesures proactives pour éviter de les répéter dans leur propre mariage. Grâce à la prière, à la communication ouverte et à la recherche des conseils du Saint-Esprit, les couples peuvent se libérer des cycles générationnels négatifs et créer un lien fort et durable. Reconnaître l'influence de l'histoire familiale sur le comportement peut aider les couples à naviguer dans les pièges potentiels et à prendre des décisions conscientes pour renforcer leur mariage. Bien que les pratiques de l'autel familial puissent fournir une base solide, il est essentiel d'aborder les problèmes sous-jacents et de travailler activement à une relation saine pour un mariage réussi et durable.

CYCLES D'ABUS ET DE VIOLENCE

Là où les pères étaient violents ou les mères manipulatrices, les enfants portent souvent le même esprit dans leur mariage. Cela perpétue un cycle d'abus et de violence qui peut être difficile à briser. Cependant, en reconnaissant ces tendances et en travaillant activement à les aborder et à les changer, les couples peuvent créer un nouvel héritage pour les générations futures. Il est important pour les couples de rechercher une thérapie ou des conseils pour traiter tout traumatisme non résolu ou toute influence négative de leur histoire familiale afin de construire un mariage sain et prospère. Se libérer de ces cycles destructeurs demande des efforts et du dévouement, mais les récompenses d'une relation aimante et harmonieuse en valent la peine.

Ce n'est pas seulement un « comportement appris », c'est le cri d'un autel. En se libérant des cycles destructeurs de l'abus et de la violence, les couples peuvent créer une nouvelle base pour leur relation basée sur l'amour, le respect et la compréhension. La recherche d'une thérapie ou de conseils peut fournir aux couples les outils et le soutien dont ils ont besoin pour faire face à leurs traumatismes passés et construire ensemble un avenir plus sain. Il est important de se rappeler que le changement est possible et qu'en prenant les mesures nécessaires, les couples peuvent se libérer des schémas qui ont été transmis de génération en génération. Le cri d'un autel signifie un nouveau départ, un engagement à se libérer du passé et à créer un avenir meilleur pour eux-mêmes et pour leurs enfants.

En reconnaissant la nécessité d'un changement et en y travaillant activement, les couples peuvent ouvrir la voie à une relation plus épanouissante et harmonieuse. Embrasser ce nouveau chapitre ensemble peut conduire à une connexion plus profonde et à un lien plus fort qui résistera à tous les défis qui pourraient se présenter à eux. Psaume 51:10 :

« Crée en moi un cœur pur, ô Dieu, et renouvelle en moi un esprit ferme. » Ce verset nous rappelle que nous avons le pouvoir de recommencer et d'apporter des changements positifs dans nos vies. Tout comme les couples peuvent se réunir autour d'un autel pour signifier un nouveau départ, nous pouvons aussi faire le choix de nous libérer des schémas négatifs et de nous créer un avenir meilleur. En recherchant les conseils de Dieu et en travaillant activement au changement, nous pouvons ouvrir la voie à une vie plus épanouissante et plus harmonieuse.

LA LIGNÉE

Une fois, j'ai été le conseiller d'un jeune couple qui avait toutes les raisons de réussir : éduqué, pieux, amoureux. Cependant, leur mariage était caractérisé par une suspicion constante et des explosions incontrôlables. Pendant que nous priions, l'Esprit a révélé que, dans les deux familles, le divorce était la norme : ses grands-parents, ses parents et même ses oncles avaient divorcé ; son père avait abandonné la famille lorsqu'il était enfant.

Ils ne se battaient pas seulement les uns contre les autres, ils se battaient contre les autels familiaux de l'alliance brisée. Se libérer des schémas générationnels et des malédictions nécessite un effort intentionnel et une forte confiance en la grâce de Dieu. En reconnaissant les cycles destructeurs et en recherchant activement la guérison et la restauration, ce couple a pu se libérer de l'esclavage de leur histoire familiale et créer un nouvel héritage d'amour et d'engagement. Grâce à la prière, aux conseils et à un engagement profond, l'un envers l'autre, ils ont pu surmonter les obstacles et construire une base solide pour un mariage durable et sain.

Une fois qu'ils ont identifié ces autels et y ont renoncé dans la prière, les choses ont changé. Ils rompirent l'accord avec les malédictions générationnelles et dédièrent leur mariage comme un autel divin au Seigneur. Ce jour-là a marqué le début de la guérison.

Alors qu'ils continuaient à marcher dans la foi et l'obéissance, ils ont vu la main de Dieu à l'œuvre dans leur relation d'une manière qu'ils n'auraient jamais cru possible. Les blessures du passé ont commencé à se cicatriser et ils ont éprouvé un sentiment renouvelé d'amour, de confiance et d'unité. Leur mariage est devenu un témoignage de la fidélité et de la grâce de Dieu, inspirant d'autres personnes à rechercher la guérison et la restauration dans leurs propres relations. Chaque jour qui passait, ils devenaient plus forts ensemble, leurs liens s'approfondissaient alors qu'ils s'appuyaient sur Dieu pour les guider et les fortifier. L'héritage de la rupture et de la douleur a été remplacé par un héritage de rédemption et d'espoir, un témoignage de la puissance de Dieu pour transformer même les relations les plus brisées.

COMMENT IDENTIFIER LES AUTELS FAMILIAUX

Recherchez des modèles dans la lignée familiale (divorce, toxicomanie, abus, stérilité, pauvreté). Ces modèles peuvent souvent indiquer le besoin de guérison et de restauration au sein de la famille, indiquant les zones où un autel familial peut être nécessaire. En reconnaissant ces schémas, les individus peuvent commencer à briser le cycle du dysfonctionnement et à créer un nouvel héritage d'amour et d'unité. L'établissement d'un autel familial peut aider à apporter la guérison, la réconciliation et la transformation, permettant à la fidélité et à la grâce de Dieu d'agir de manière puissante au sein de l'unité familiale. En identifiant ces modèles et en prenant des mesures pour établir un autel familial, les individus peuvent ouvrir la voie à un avenir rempli de rédemption et d'espoir, en se libérant de l'héritage de la rupture et de la douleur.

Remarquez **des crises** récurrentes (mariages qui échouent au même stade, fausses couches à répétition, infidélité). En reconnaissant et en abordant ces crises récurrentes au sein de la famille, les individus peuvent commencer à comprendre les causes profondes et travailler à la guérison et à la restauration. L'établissement d'un autel familial offre un espace sacré pour la réflexion, la prière et la recherche de conseils de Dieu pour surmonter ces défis. En mettant l'accent sur la foi et l'unité, les familles peuvent se libérer du cycle de dysfonctionnement et construire un avenir rempli d'amour, de guérison et d'espoir.

Faites attention aux **paroles** prononcées (dictons de la famille comme « dans notre famille, les hommes partent toujours » ou « aucun mariage ne dure dans cette maison »). Reconnaître et remettre en question ces dictons familiaux négatifs peut également aider à changer l'état d'esprit et les croyances qui ont été enracinées au fil des générations. En remplaçant ces récits nuisibles par des affirmations positives et des déclarations d'amour et d'engagement, les familles peuvent commencer à créer un nouvel héritage de relations durables et de liens solides. Il est important pour les individus de demander des conseils ou une thérapie si nécessaire afin de résoudre tout problème profondément enraciné qui pourrait contribuer au dysfonctionnement au sein de la famille. Grâce à une communication ouverte, au pardon et à la volonté de changer, les familles peuvent se libérer des schémas destructeurs et créer un avenir rempli de joie et de paix.

Les autels sont révélés par **la répétition**. Ce qui se passe une fois peut être le fruit du hasard ; ce qui se passe d'une génération à l'autre, c'est l'alliance. En pratiquant constamment des affirmations positives et des déclarations d'amour au sein de la famille, les individus peuvent consolider leur engagement les uns envers les autres et créer une base solide pour les générations futures. La recherche de conseils ou de thérapie peut aider à résoudre les problèmes sous-jacents qui peuvent causer des dysfonctionnements au sein de la famille, permettant ainsi la guérison et la croissance. En travaillant ensemble pour communiquer ouvertement, pardonner les blessures du passé et apporter les changements nécessaires, les familles peuvent se libérer des schémas destructeurs et créer un héritage d'amour, de joie et de paix qui durera pour les générations à venir. En fin de compte, le véritable pouvoir de la famille réside dans l'alliance d'amour et d'engagement qui se transmet de génération en génération, créant un lien durable qui résiste à l'épreuve du temps.

BRISER LES AUTELS FAMILIAUX EN CHRIST

La bonne nouvelle, c'est que la croix est plus forte que n'importe quel autel. Lorsque les familles choisissent de se libérer des schémas négatifs et des influences destructrices, elles peuvent se tourner vers l'amour et la grâce du Christ pour les guider vers la guérison et la restauration. En abandonnant leur brisure à la puissance de la croix, les familles peuvent faire l'expérience d'une transformation qui les rapproche et renforce leurs liens d'une manière qu'elles n'auraient jamais cru possible. Grâce à la foi en Christ, les familles peuvent se libérer des chaînes de leur passé et créer un nouvel héritage d'amour, d'unité et de résilience qui aura un impact sur les générations à venir. Le vrai pouvoir de la famille ne réside pas dans les autels du dysfonctionnement, mais dans l'alliance indissoluble d'amour et de grâce que le Christ offre à tous ceux qui cherchent son toucher guérisseur. **Colossiens** 2:14-15 : « Il a annulé *le* *registre de la dette qui s'opposait à nous avec ses exigences légales. Il l'a mis de côté, en le clouant à la croix. Il désarma les dirigeants et les autorités et les exposa à la honte.* »

- **2 Corinthiens 5:17** : « Si quelqu'un *est en Christ, il est une nouvelle création. L'ancien est passé ; voici, le nouveau est venu.* »

POUR BRISER LES AUTELS IMPIES :

1. **Identifier** les modèles. Pour briser les autels impies, nous devons d'abord identifier les modèles et les comportements dans nos vies qui ne sont pas en alignement avec la volonté de Dieu. En reconnaissant ces faiblesses, nous pouvons les présenter au Seigneur dans la prière et lui demander sa force et ses conseils pour les surmonter. Par la puissance du Saint-Esprit, nous pouvons nous libérer des chaînes du péché et marcher dans la victoire que Christ a déjà remportée pour nous sur la croix. Restons fermes dans notre foi et ayons confiance que Dieu est fidèle pour achever la bonne œuvre qu'Il a commencée en nous !

2. **Renoncer** à toute alliance faite consciemment ou inconsciemment. Abandonnons complètement nos cœurs à Dieu, renonçant à tout lien avec les ténèbres ou les mauvaises influences. En confessant nos péchés et en recherchant le pardon de Dieu, nous pouvons faire l'expérience de la vraie liberté et de la restauration dans notre relation avec Lui. En continuant à marcher dans l'obéissance et la dépendance de Dieu, nous pouvons être sûrs qu'il apportera la transformation et le renouveau dans notre vie. Déclarons aujourd'hui que nous appartenons à Dieu seul et que nous choisissons de vivre selon sa volonté, confiants dans son amour et sa grâce indéfectibles.

3. **Se repentir** pour les péchés familiaux (Néhémie 1:6-7). Prenons aussi la responsabilité des péchés de nos familles, à l'exemple de Néhémie qui s'est confessé et s'est repenti des péchés de

ses ancêtres. En reconnaissant et en nous repentant de toute malédiction générationnelle ou de tout péché dans notre famille, nous pouvons nous libérer de leur emprise et faire l'expérience de la guérison et de la restauration. Puissions-nous nous humilier devant Dieu, en recherchant sa miséricorde et son pardon non seulement pour nos propres péchés, mais aussi pour ceux des membres de notre famille ! Ce faisant, nous pouvons ouvrir la voie pour que les bénédictions et la faveur de Dieu coulent abondamment dans notre vie et dans la vie de nos proches.

4. **Remplacer l'ancien autel par un nouvel autel**: prière, adoration et dédicace de votre mariage et de votre maison à Dieu. En construisant un nouvel autel de prière, d'adoration et de consécration à Dieu au sein de notre famille, nous pouvons créer un fondement de foi et de force qui nous protégera de l'influence des péchés et des malédictions du passé. Par la prière et l'adoration constantes, nous pouvons inviter la présence de Dieu dans nos foyers et nos mariages, permettant à ses bénédictions et à ses faveurs de circuler librement. Engageons-nous à briser les chaînes du passé et à créer un héritage de foi et de justice pour les générations futures.

5. **Renforcer** par la prière continue, la communion et la Parole. Ne nous lassons pas de notre quête d'une relation forte et inébranlable avec Dieu, car c'est par la prière, la communion et la méditation continuelles de sa Parole que nous trouverons la force et les conseils dont nous avons besoin pour surmonter tous les obstacles qui se présentent à nous. En renforçant notre engagement envers Dieu par ces pratiques, nous verrons sa main à l'œuvre dans nos vies, apportant la paix, la joie et l'abondance à nos mariages et à nos foyers. Restons fermes dans notre foi, sachant que Dieu est toujours avec nous, nous guidant sur le chemin de la justice et de la bénédiction !

CONSTRUIRE UN AUTEL FAMILIAL DIVIN

Josué déclara : « Moi *et ma maison, nous servirons l'Éternel* » (Josué 24:15).

La construction d'un autel familial divin est essentielle pour créer une fondation solide pour notre foyer. Tout comme Josué a fait la déclaration de servir le Seigneur dans sa maison, nous devons aussi prendre la décision consciente de donner la priorité à Dieu dans notre famille. En réservant du temps pour la prière, l'adoration et l'étude de la Parole ensemble, nous invitons la présence de Dieu dans nos foyers et lui permettons d'être le centre de nos vies. Cette focalisation intentionnelle sur Dieu renforce non seulement notre propre foi, mais crée également un héritage de croissance spirituelle et d'unité pour les générations à venir. Lorsque nous nous consacrons à la construction d'un autel familial pieux, nous pouvons être sûrs que Dieu honorera notre engagement et bénira abondamment notre foyer.

Un autel divin n'est pas une question de mobilier, il s'agit de **pratiques régulières qui invitent la présence de Dieu dans la famille :**

- **Prière quotidienne en couple ou en famille.** Lire et discuter ensemble des Écritures, témoigner de la fidélité de Dieu et adorer ensemble sont tous des éléments importants d'un autel familial pieux. En accordant la priorité à ces pratiques, nous démontrons notre amour et notre dévotion à Dieu, donnant l'exemple à nos enfants et petits-enfants. En établissant un fondement de foi dans notre foyer, nous pouvons avoir confiance que Dieu continuera d'œuvrer dans notre famille et, à travers, elle pour sa gloire.
- **La communion à la maison.** La communion à la maison est un autre moyen puissant d'inviter la présence de Dieu dans l'autel familial. En prenant le pain et le vin ensemble, nous nous souvenons du sacrifice de Jésus et du pardon des péchés que nous avons par Lui. Cet acte de communion renforce non seulement

notre relation avec Dieu, mais approfondit également notre lien en tant que famille, nous rappelant notre unité dans le Christ. Ensemble, ces pratiques créent un espace sacré dans nos foyers où nous pouvons chercher Dieu, grandir dans la foi et faire l'expérience de sa présence de manière tangible.

- **Bénir les enfants.** Bénir les enfants est un autre aspect important de la création d'une atmosphère sacrée et centrée sur Dieu dans le foyer. En affirmant et en déclarant des mots positifs sur nos enfants, nous leur inculquons la confiance, l'amour et un sentiment de valeur. C'est une façon de leur rappeler leur identité d'enfants de Dieu et de les encourager à marcher sur le chemin qu'il leur a tracé. En bénissant nos enfants, nous invitons la faveur et la protection de Dieu dans leur vie, en les couvrant de son amour et de sa grâce. Cette pratique nourrit non seulement leur croissance spirituelle, mais renforce également l'unité familiale dans son ensemble, créant un sentiment d'unité et d'harmonie enraciné dans l'amour de Dieu.
- **Le dévouement des finances, de la maison et du mariage à Dieu.** Là où les autels impies parlaient autrefois de la mort, les autels divins parlent maintenant de la vie. En dédiant nos finances, notre foyer et notre mariage à Dieu, nous reconnaissons sa souveraineté et invitons sa présence à habiter dans tous les aspects de notre vie. Au lieu de compter sur notre propre force et notre propre compréhension, nous choisissons de faire confiance à la provision et à la direction de Dieu. En construisant des autels divins dans nos cœurs et nos foyers, nous ouvrons la voie pour que ses bénédictions coulent abondamment et que son amour règne en maître. La transformation d'autels impies en autels divins est un témoignage puissant de l'œuvre rédemptrice de Dieu dans nos vies, apportant une nouvelle vie et de l'espoir là où il n'y avait autrefois que ténèbres et désespoir.

QUESTIONS DE RÉFLEXION

1. Quels modèles négatifs voyez-vous dans votre lignée familiale ?
2. Avez-vous identifié des comportements, des dépendances ou des dictons qui pourraient influencer votre mariage ?
3. Quelles mesures pratiques peux-tu prendre pour construire un autel divin dans ta maison aujourd'hui ?

DÉCLARATION

Je déclare que le sang de Jésus a détruit tous les autels impies de ma famille. Je renonce aux alliances de l'infidélité, de l'abus, de la pauvreté, du rejet et de la toxicomanie. Je ne répéterai pas les schémas de mes ancêtres ; j'établirai un nouvel autel d'alliance dans mon mariage. Quant à moi et à ma maison, nous servirons le Seigneur.

À l'avenir, je rechercherai activement et corrigerai tous les schémas négatifs qui ont été transmis par ma lignée familiale. Je serai vigilant dans l'identification et le démantèlement de tout autel de comportement, de dépendance ou de paroles qui pourraient avoir un impact négatif sur mon mariage. Je prendrai des mesures pratiques pour construire un autel divin dans ma maison en privilégiant la communication, l'amour, le respect et la foi en Dieu. Je déclare que tout autel impie de ma lignée familiale est brisé par le sang de Jésus, et je ne serai pas lié par le passé. Je renonce aux alliances destructrices de l'infidélité, de la maltraitance, de la pauvreté, du rejet et de la toxicomanie, et je m'efforcerai de créer un nouvel héritage d'amour, de fidélité et de force dans mon mariage. Quant à moi et ma maison, nous servirons le Seigneur et marcherons dans ses voies.

PRIÈRE

Père, merci que la croix de Jésus soit plus grande que tout autel de ténèbres. Aujourd'hui, je porte ma lignée familiale devant Toi. Je me repens pour les péchés de mes ancêtres et je renonce à toute alliance impie faite en notre faveur. Par le sang de Jésus, je brise le pouvoir du divorce générationnel, de l'abus, du rejet et de la pauvreté. Seigneur, je Te dédie mon mariage, mes enfants et ma maison comme un autel vivant. Que Ta présence habite avec nous et que Ta bénédiction coule à travers les générations à venir ! Au nom de Jésus, amen.

CONCLUSION

En définitive, ce chapitre montre que le mariage ne se construit jamais sur une page blanche : chaque couple entre dans l'alliance avec un héritage spirituel fait d'autels familiaux, parfois divins, parfois impies, qui façonnent les comportements, les paroles, les schémas d'infidélité, de divorce, de violence ou de pauvreté au fil des générations. Tant que ces autels ne sont ni discernés ni confessés, ils continuent d'alimenter des cycles de rupture, mais la croix de Christ demeure plus forte que toute malédiction générationnelle. En reconnaissant les modèles négatifs de leur lignée, en se repentant des péchés familiaux, en renonçant aux alliances cachées et en érigeant un autel divin dans leur maison – fait de prière, de Parole, de bénédiction, de consécration des finances, du foyer et du mariage – les couples peuvent voir leur histoire basculer de la servitude vers la liberté. Ainsi, loin de répéter les autels de ténèbres qui ont marqué leurs ancêtres, ils deviennent, par la grâce de Dieu, les bâtisseurs d'un nouvel héritage d'amour, de fidélité et de bénédiction pour leurs enfants, pouvant déclarer avec assurance : « Moi et ma maison, nous servirons l'Éternel. »

PARTIE III

GUÉRISON ET RESTAURATION

CHAPITRE 9

QUESTIONS DU REMARIAGE

Naviguer entre les secondes chances et les frontières sacrées

P<small>EUT-ÊTRE QU'AUCUN SUJET NE CRÉE</small> autant de confusion et de culpabilité dans le cœur des croyants que la question du remariage. Pour certains, c'est la crainte que le remariage après un divorce soit toujours un adultère, les plaçant à jamais hors de la bénédiction de Dieu. Pour d'autres, l'hypothèse est qu'une fois divorcé, le remariage n'est que la prochaine étape en avant, avec peu de réflexion sur ce que la Parole de Dieu enseigne. Entre ces extrêmes se trouve un chemin biblique qui défend le caractère sacré de l'alliance tout en étendant la grâce du Christ à ceux qui ont trébuché.

En explorant le sujet du remariage après le divorce, il est crucial de l'aborder avec humilité, en recherchant la sagesse de la Parole de Dieu et la direction du Saint-Esprit. Il est important de se rappeler que chaque situation est unique et nécessite discernement et prière. L'objectif devrait toujours être de chercher la guérison et la restauration en Christ, en permettant à Sa grâce de nous guider dans la prise de décisions qui l'honorent. Approfondissons les Écritures et recherchons la sagesse de

Dieu alors que nous naviguons dans les complexités du remariage après un divorce. Bien qu'il soit important de chercher à être guidé par la Parole de Dieu et le Saint-Esprit, il est également important de considérer les enseignements bibliques sur le divorce et le remariage, qui peuvent apporter des éclaircissements sur la sainteté des vœux de mariage. Il est essentiel de trouver un équilibre entre la grâce et la vérité dans l'abordage de cette question délicate. Parmi les passages bibliques pertinents sur le mariage dans la LSG, citons Éphésiens 5:25 qui déclare : « Maris, aimez vos femmes, comme Christ a aimé l'Église et s'est donné lui-même pour elle.

» Un autre passage de l'Écriture est 1 Corinthiens 7:2 : « Mais à cause de l'immoralité sexuelle, que chaque homme ait sa femme, et que chaque femme ait son mari. » Ces versets soulignent l'importance de l'amour et de la fidélité dans le mariage selon le dessein de Dieu. Par la prière et la recherche de la sagesse de la Parole de Dieu, nous pouvons naviguer dans les complexités des relations avec la grâce et la vérité.

QUAND L'ALLIANCE PREND FIN

La première vérité que nous devons affirmer est que le mariage est une alliance conçue pour durer toute la vie. L'enseignement de Jésus, comme nous l'avons vu, est clair : ce que Dieu a uni, l'homme ne doit pas le séparer. Pourtant, Jésus et Paul reconnaissent aussi que, parfois, l'alliance est rompue : par l'immoralité sexuelle, par l'abandon, par la violence et par la trahison. Lorsqu'une alliance est profanée, la partie innocente n'est pas liée.

Cela signifie que le remariage, dans certaines circonstances, n'est pas un adultère mais une restauration. Une veuve ou un veuf peut se remarier librement, dit Paul, tant que c'est « dans le Seigneur » (1 Corinthiens 7:39). Un homme ou une femme trahi par l'adultère peut se remarier, car l'union, « une seule chair », a déjà été violée. Et le croyant abandonné par un conjoint incroyant n'est, selon les mots de Paul, « pas esclave », libre de vivre en paix (1 Corinthiens 7:15).

Il est crucial ici de se rappeler que Dieu ne veut pas que ses enfants vivent dans des chaînes perpétuelles.

En fait, il offre la liberté et la restauration à ceux qui ont été lésés dans leur mariage. Cela ne veut pas dire que le divorce doit être pris à la légère, mais plutôt que le cœur de Dieu est que ses enfants vivent dans la paix et la plénitude. Alors que nous naviguons dans les complexités du mariage et du divorce, il est important de rechercher les conseils et la sagesse de Dieu, confiant qu'il peut apporter la beauté de la rupture et la rédemption de la douleur.

Là où l'alliance a été brisée de manière irréparable, le remariage n'est pas une rébellion mais une grâce.

C'est une reconnaissance de la capacité de Dieu à apporter une nouvelle vie et la guérison à ceux qui ont souffert dans leurs relations précédentes. Le remariage peut être un symbole de la fidélité et de la restauration de Dieu, un témoignage de sa puissance pour racheter même les situations les plus brisées. En avançant dans la foi et l'obéissance, nous pouvons avoir confiance que Dieu continuera à œuvrer dans nos vies, apportant la beauté à partir de ses cendres et la joie à partir du deuil. Accueillons la grâce et la liberté que Dieu offre, sachant qu'il est toujours fidèle à ses enfants.

QUAND LE REMARIAGE DEVIENT ADULTÈRE

Mais nous devons aussi faire face à l'avertissement sévère de Jésus : « Quiconque répudie sa femme, sauf pour immoralité sexuelle, et en épouse une autre, commet un adultère » (Matthieu 19:9). C'est là que réside la triste vérité : tous les remariages ne sont pas bénis. Quand quelqu'un divorce pour des raisons non bibliques – pour des raisons personnelles, pour l'ennui, pour des « différences irréconciliables » qui sont en réalité de la dureté de cœur –, le remariage n'efface pas le péché. Cela l'aggrave.

La douleur et la rupture du divorce ne sont pas effacées comme par magie par un nouveau mariage. Au lieu de cela, le cycle du péché se poursuit alors que le couple remarié vit dans l'adultère. C'est une vérité difficile à avaler, surtout dans une culture qui célèbre souvent les secondes chances et les nouveaux départs. Mais, en tant que chrétiens, nous sommes appelés à défendre la sainteté du mariage et le sérieux des vœux que nous faisons devant Dieu. Nous devons nous efforcer d'honorer ces vœux, même si cela signifie faire face aux conséquences des erreurs passées.

C'est là que beaucoup trébuchent, car les paroles du Christ sont tranchantes. Le remariage injustifié est un péché. Il faut l'avouer. Il faut s'en repentir. Mais voici la bonne nouvelle : il ne s'agit pas d'une condamnation à perpétuité. L'adultère n'est pas le péché impardonnable. Ce qui commence par la rébellion peut, par le repentir, devenir une alliance sanctifiée par la grâce.

C'est par la grâce et la miséricorde de Dieu que nous sommes capables de trouver le pardon et la rédemption, même au milieu de nos brisures. C'est un chemin d'humilité et d'abandon, de reconnaissance de nos torts et de recherche de la réconciliation avec Dieu et notre conjoint. C'est un processus de guérison et de restauration, d'apprentissage de la marche dans l'obéissance et la fidélité aux vœux que nous avons faits. Bien que le chemin puisse être difficile et que le chemin puisse être étroit, nous pouvons avoir confiance en la promesse que l'amour et le pardon de Dieu sont plus grands que notre péché.

LE POIDS DU REPENTIR

À quoi ressemble donc le repentir pour quelqu'un qui s'est remarié à tort ? Il ne s'agit pas d'abandonner le nouveau conjoint et de revenir au premier. En fait, Deutéronome 24 interdit explicitement un tel retour. Le repentir n'est pas un nouvel acte de trahison. Au lieu de cela, le repentir est une confession : « Seigneur, j'ai péché en entrant mal dans cette alliance. Pardonnez-moi. » Et après s'être confessé, le croyant doit maintenant honorer l'alliance dans laquelle il se trouve, en restant fidèle à l'époux qu'il a épousé. Dieu ne se réjouit pas des ruptures répétées de vœux. Il est un Rédempteur, pas un destructeur. Une fois qu'une nouvelle alliance est faite, même dans le péché, son désir est de pardonner le péché et de sanctifier l'alliance. Tout comme il a pris Rahab la prostituée et l'a greffée dans sa sainte lignée, il prend les alliances brisées et, par le repentir, inscrit la rédemption dans leur histoire. La repentance n'est pas seulement un événement ponctuel, mais un détournement continuel du péché et un retour à Dieu. Cela exige un changement de cœur et un engagement à vivre conformément à Sa volonté. C'est un processus de transformation, de devenir plus comme le Christ et moins comme nous-mêmes, pécheurs. Et, à travers ce processus, la grâce et la miséricorde de Dieu sont déversées sur nous, nous purifiant de nos péchés et nous rétablissant dans une bonne relation avec Lui. À ses yeux, nous ne sommes pas définis par nos erreurs passées, mais par son amour et son pardon.

HISTOIRES DE RÉDEMPTION

Je me souviens d'avoir été le conseiller d'un homme qui avait divorcé de sa femme sous l'effet de la colère et qui avait épousé une autre femme par passion et non par prière. Pendant des années, il a vécu sous un nuage de culpabilité, croyant qu'il était en adultère perpétuel. Mais lorsqu'il a compris la Parole de Dieu, il a confessé son péché avec des larmes. Lui et sa nouvelle épouse ont consacré leur mariage devant Dieu, déterminés à marcher dans la sainteté à partir de ce jour. Ce mariage, une fois né dans la rébellion, est devenu un témoignage de rédemption. Aujourd'hui, ils s'occupent d'autres couples, enseignant la fidélité à partir de leur propre histoire d'échec et de grâce.

C'est l'Évangile : non pas que le péché soit minimisé, mais que la grâce soit maximisée. Là où le péché abonde, la grâce abonde davantage (Romains 5:20).

L'ESPÉRANCE DE LA SAMARITAINE

Considérez la rencontre de Jésus avec la Samaritaine dans Jean 4. Elle avait été mariée cinq fois et vivait maintenant avec un homme qui n'était pas son mari. À tous égards, sa vie était une image d'alliances brisées. Pourtant, Jésus ne l'a pas condamnée. Il lui offrit de l'eau vive. Il s'est révélé à elle comme Messie. Il lui confie le rôle de devenir la première évangéliste de sa ville.

Dans cette histoire puissante, nous voyons comment Jésus a rencontré la Samaritaine au milieu de sa brisure et de sa honte et, au lieu de la juger, il lui a accordé la grâce et l'amour. Il voyait au-delà de ses échecs et reconnaissait son potentiel à être une messagère d'espoir pour les autres. C'est un bel exemple de la façon dont la grâce peut transformer même les situations les plus désespérées en opportunités de rédemption et de nouveaux départs. L'histoire de la Samaritaine nous rappelle que, peu importe à quel point nous nous sommes égarés ou combien d'erreurs nous avons commises, il y a toujours de la place pour que nos vies soient transformées par l'amour de Dieu.

Si Jésus a pu racheter son histoire brisée, ne peut-il pas racheter la nôtre ? Le divorce et le remariage ne disqualifient personne de sa grâce ou de son appel. Avec le repentir, le passé peut être couvert et le présent sanctifié.

GRÂCE ET RESPONSABILITÉ

Pourtant, la grâce n'enlève jamais la responsabilité. Ceux qui ont traversé le divorce et le remariage doivent porter leur histoire avec humilité. Ils ne devraient pas se vanter de « passer à autre chose » à la légère, mais reconnaître la douleur et les conséquences des vœux brisés. Leur témoignage ne devrait pas être un témoignage de renvoi, mais de rédemption.

Leur vie doit refléter une profonde gratitude pour la grâce qui a couvert leurs erreurs passées et un engagement à vivre d'une manière qui honore l'alliance du mariage. C'est un équilibre délicat entre recevoir la grâce de Dieu et assumer la responsabilité des choix qui ont conduit à la rupture. Ce faisant, ils peuvent vraiment faire l'expérience de la puissance transformatrice de l'amour de Dieu dans leur vie et être un témoignage vivant de sa fidélité.

Les pasteurs et les églises doivent également maintenir l'équilibre. Nous ne devons pas enchaîner les croyants sous une condamnation à vie pour les erreurs du passé, ni normaliser le divorce et le remariage comme si l'alliance signifiait peu. L'équilibre est la croix : sainteté et miséricorde, justice et grâce, vérité et amour.

C'est grâce à cet équilibre que nous pouvons vraiment servir les personnes qui luttent dans leur mariage, en leur offrant à la fois la vérité de la Parole de Dieu et l'amour et la grâce qu'Il accorde à tous ceux qui le cherchent. En tant que pasteurs et dirigeants d'église, nous devons être prêts à marcher aux côtés de ceux qui font face à des défis dans leur mariage, en leur offrant soutien, conseils et prières alors qu'ils naviguent dans les eaux difficiles de la rupture conjugale. En défendant le caractère sacré du mariage tout en étendant la grâce et le pardon de Dieu, nous pouvons aider les couples à trouver la guérison et la restauration dans leurs relations, apportant finalement la gloire à Dieu par la rédemption de leurs mariages.

UNE IMAGE PROPHÉTIQUE : LA NOUVELLE ALLIANCE

À bien des égards, le remariage, lorsqu'il est sanctifié par le repentir, devient une image prophétique de la nouvelle alliance elle-même. L'ancienne alliance a été brisée par le péché ; elle a dû être mise de côté. Mais, par le Christ, une nouvelle alliance a été établie, non pas parce que Dieu avait échoué, mais parce que l'humanité avait failli. Cette nouvelle alliance n'est pas illégitime : elle est glorieuse. Elle est scellée dans le sang, fortifiée par l'Esprit et remplie de grâce.

À travers le remariage, les couples ont l'occasion de faire l'expérience d'une représentation tangible de cette nouvelle alliance. Tout comme Dieu pardonne et restaure son peuple, les couples qui choisissent de se repentir et de se réconcilier peuvent faire l'expérience d'une relation renouvelée et transformée. Cet acte de pardon et de restauration apporte non seulement la guérison au couple, mais sert également de témoignage puissant aux autres de la puissance rédemptrice de Dieu dans les relations. Tout comme la nouvelle alliance est scellée dans le sang, fortifiée par l'Esprit et remplie de grâce, le remariage peut aussi être un beau reflet de l'amour et de la miséricorde de Dieu au milieu de la rupture.

Il en est de même, dans une moindre mesure, du remariage. Quand le péché a brisé le premier, Dieu peut racheter le second. Le problème n'est pas que le divorce soit bon, mais que la grâce soit plus grande.

Au milieu de nos brisures et de nos échecs, la grâce de Dieu est toujours disponible pour apporter la restauration et la rédemption. Tout comme il pardonne nos péchés et nous offre un nouveau départ, il peut aussi guérir et renouveler un remariage qui a été brisé par des erreurs passées. C'est un témoignage de son amour et de sa miséricorde que, même au milieu de nos brisures, il peut faire renaître la beauté et la plénitude de nos cendres.

CONCLUSION

Le remariage après un divorce n'est pas un simple oui ou non. C'est une question d'alliance, de péché, de repentance et de grâce. Certains remariages sont saints dès le début, après la libération biblique. D'autres naissent dans le péché, mais la repentance peut les sanctifier. Tout doit être abordé avec humilité, prière et une profonde révérence pour le Dieu qui déteste le divorce, mais se réjouit de la rédemption. En fin de compte, la question n'est pas simplement : « Puis-je me remarier ? » La question plus profonde est : « Cette alliance *dans laquelle je vis maintenant peut-elle glorifier Christ ?* » Si la réponse est oui, par le repentir, la fidélité et la sainteté, alors même l'histoire la plus brisée peut devenir un témoignage de grâce.

CHAPITRE 10

LES LIMITES, LE PARDON ET LA RESTAURATION

Rétablir la confiance sur le chemin de la plénitude

LE MARIAGE, COMME TOUTE ALLIANCE, s'épanouit dans le cadre de limites saines. Une frontière n'est pas un mur de séparation, mais une clôture de protection, un marqueur qui définit où une vie se termine et où l'autre commence, et comment ces vies s'entremêlent sans être une entrave l'une à l'autre. En l'absence de limites, les mariages sombrent dans le chaos : la confiance s'érode, l'intimité vacille et l'amour devient vulnérable à l'intrusion. Pourtant, même lorsque les limites sont franchies, l'Évangile nous donne un chemin de pardon et de restauration par lequel les mariages peuvent être guéris

POURQUOI LES LIMITES SONT IMPORTANTES DANS L'AMOUR D'ALLIANCE ?

Dès le début, Dieu a établi des limites. En Éden, Adam et Ève ont reçu la liberté dans certaines limites : « *Vous pouvez manger de tout arbre...*

mais tu ne mangeras pas de l'arbre de la connaissance du bien et du mal » (Genèse 2:16-17).

Ces frontières étaient destinées à protéger et à préserver la relation entre Dieu et l'humanité. De même, dans le mariage, les limites sont essentielles pour maintenir la santé et la force de la relation. Sans limites, il n'y a pas de structure ou d'ordre, ce qui conduit à la confusion et aux conflits. Tout comme Dieu a fixé des limites pour Adam et Ève dans le jardin d'Eden, les couples doivent établir des limites dans leur mariage pour s'assurer que leur amour reste fort et sûr.

Les limites protègent les relations avec Dieu, tout comme elles protègent les alliances dans le mariage. Les limites aident à définir les attentes, à créer un sentiment de sécurité et à établir un respect mutuel entre les partenaires. En communiquant clairement et en respectant les limites, les couples peuvent éviter les malentendus, établir une relation de confiance et cultiver un lien plus profond l'un avec l'autre. En fin de compte, les limites dans le mariage servent à honorer l'engagement sacré pris entre deux individus et à renforcer le lien qu'elles partagent. Tout comme les limites de Dieu ont été fixées par amour et par souci pour Adam et Ève, les couples peuvent fixer des limites dans leur mariage par amour et respect l'un pour l'autre.

Dans le mariage, les limites ont trois objectifs : elles protègent la confiance, préservent la dignité et favorisent la croissance au sein de la relation. La confiance est le fondement de tout mariage sain, et les limites aident à maintenir cette confiance en veillant à ce que les deux partenaires se sentent en sécurité dans la relation. En respectant les limites de l'autre, les couples montrent qu'ils apprécient et honorent les sentiments et les besoins de l'autre. Cela permet non seulement de préserver la dignité de chaque individu, mais aussi de renforcer le lien entre les partenaires. De plus, les limites créent un espace pour la croissance personnelle et la découverte de soi au sein du mariage. Lorsque chaque partenaire est libre d'exprimer ses besoins et ses désirs, il peut continuer à évoluer et à se développer tant individuellement qu'en couple. Dans l'ensemble, les limites dans le mariage sont essentielles pour créer un partenariat solide et durable fondé sur l'amour, le respect et la compréhension.

Un mari qui se fixe une limite qu'il ne confiera pas aux autres femmes comme il le fait avec sa femme ne se limite pas ; il préserve l'intimité. En établissant cette limite, il démontre son engagement envers son mariage et accorde la priorité au lien émotionnel qu'il partage avec son conjoint. Cela favorise non seulement la confiance et la sécurité au sein de la relation, mais permet également aux deux partenaires de se sentir valorisés et respectés. Les limites dans le mariage servent de guide sur la façon dont chaque individu veut être traité et ce qui est acceptable au sein du partenariat. Lorsque ces limites sont communiquées et respectées, cela crée une dynamique saine où les deux partenaires se sentent entendus et compris. Cela conduit finalement à une relation plus forte et plus épanouissante où les deux individus peuvent s'épanouir et grandir ensemble.

Une femme qui insiste pour que les finances restent transparentes n'est pas méfiante ; elle préserve la confiance. Cette transparence permet aux deux partenaires de se sentir en sécurité et de savoir où va leur argent et comment il est géré. Cela permet également d'éviter les malentendus ou les conflits qui peuvent découler du secret financier. En fixant cette limite, la femme communique son besoin de communication ouverte et d'honnêteté dans la relation, ce qui renforce finalement le lien entre elle et son partenaire. En retour, la volonté du mari d'adhérer à cette limite montre son respect pour ses sentiments et son engagement à maintenir un partenariat sain et confiant.

Les frontières ne sont pas des chaînes ; ce sont des ancres de l'amour de l'alliance. Les limites dans une relation servent de base à la confiance et au respect, permettant aux deux partenaires de se sentir valorisés et compris. En établissant des attentes claires en matière de transparence financière, le couple crée un espace sûr pour un dialogue ouvert et une prise de décision partagée. Cette compréhension mutuelle favorise un lien plus profond et un sentiment de partenariat où les deux personnes se sentent écoutées et soutenues dans leurs objectifs et valeurs communs. En fin de compte, les limites aident renforcer le lien entre les partenaires et à cultiver une relation fondée sur la confiance et le respect mutuel.

ILLUSTRATION

Pensez à un jardin. Sans clôtures, les animaux sauvages piétinent les plantes.

Sans chemins, même les pieds du jardinier écrasent les fleurs.

Les limites servent de clôtures et de chemins dans une relation, protégeant et guidant la croissance de l'amour et de la compréhension. Tout comme un jardin a besoin de limites claires pour prospérer, un partenariat a besoin de respect mutuel et de communication pour s'épanouir. En établissant et en maintenant des limites saines, les couples peuvent entretenir un lien fort et résilient qui résiste aux défis des saisons imprévisibles de la vie. Tout comme un jardin bien entretenu fleurit par sa beauté et sa vitalité, une relation peut s'épanouir et prospérer lorsqu'elle est nourrie d'amour, de respect et de limites claires.

Les limites n'étouffent pas le jardin ; elles lui permettent de s'épanouir. Il en est de même du mariage.

Fixer des limites dans une relation ne consiste pas à restreindre la liberté ou à étouffer l'individualité, mais plutôt à créer un espace sûr et respectueux pour que les deux partenaires puissent grandir et s'épanouir. Tout comme un jardin a besoin de soins réguliers et d'attention pour s'épanouir, un mariage nécessite une communication continue et des compromis pour rester en bonne santé et fort. En définissant clairement les limites et en respectant les besoins de l'autre, les couples peuvent cultiver un amour profond et durable qui résiste à l'épreuve du temps. Tout comme un jardin bien entretenu peut résister aux tempêtes et fleurir de beauté, un mariage peut résister aux défis et continuer à s'épanouir lorsqu'il est construit sur une base de respect et de compréhension mutuels.

LIMITES COMMUNES QUI PROTÈGENT LE MARIAGE

Les limites prennent de nombreuses formes : émotionnelles, spirituelles, physiques, financières et même verbales. Par exemple, les couples peuvent convenir de ne jamais s'insulter l'un l'autre en colère, de ne jamais prendre de décisions financières unilatérales et de ne jamais menacer de divorcer comme arme dans le conflit. Ces limites ne sont pas des règles légales mais des garde-fous relationnels.

Elles servent de lignes directrices pour protéger le caractère sacré du mariage et s'assurer que les deux partenaires se sentent en sécurité et respectés dans la relation. En établissant et en respectant ces limites, les couples peuvent naviguer dans les désaccords et les défis avec grâce et maturité, renforçant ainsi leur lien et approfondissant leur connexion. Essentiellement, les limites créent un sentiment de sécurité et de confiance au sein du mariage, permettant aux deux partenaires de se sentir valorisés et soutenus dans leur cheminement ensemble.

Elles créent un environnement sûr et respectueux où les deux partenaires peuvent s'épanouir et grandir ensemble.

Les limites aident également à établir une communication et des attentes claires au sein de la relation, évitant ainsi les malentendus et les conflits. Lorsque les deux partenaires sont conscients et respectent les limites de l'autre, ils peuvent éviter les tensions et les frictions inutiles dans leurs interactions. Cette compréhension mutuelle et le respect des limites favorisent un sentiment d'harmonie et d'équilibre dans le mariage, permettant aux deux individus de s'exprimer librement et authentiquement sans crainte de jugement ou de rejet. Essentiellement, les limites servent de base à un mariage sain et épanouissant, permettant aux deux partenaires de se sentir en sécurité et confiants dans leur amour l'un pour l'autre.

En fixant et en respectant ces limites, les couples peuvent protéger leur mariage contre les dommages et renforcer leurs liens. Tout comme un jardin a besoin de limites pour s'épanouir, un mariage a besoin de limites pour prospérer. C'est à travers ces limites communes que les couples peuvent naviguer dans les hauts et les bas de la vie ensemble, en construisant une base solide pour que leur relation résiste à n'importe quelle tempête.

Dans le conseil pastoral, j'ai souvent vu des couples restaurés simplement en rétablissant des limites claires. Un mari qui passait des heures à faire défiler la pornographie a brisé la confiance de sa femme non seulement par ce qu'il regardait, mais aussi par le secret qui l'entourait. Lorsqu'il a accepté un logiciel de responsabilisation et une communication ouverte, une nouvelle limite a été fixée qui a lentement rétabli la sécurité et la confiance dans leur relation. De même, une femme qui critiquait constamment son mari devant les autres a appris à fixer des limites à ses paroles et à ses actions, ce qui a conduit à un nouveau respect et à une nouvelle admiration pour son partenaire. En fixant et en respectant des limites, les couples peuvent créer un environnement sûr et sécurisé où l'amour et la connexion peuvent s'épanouir.

Une femme qui permettait à sa mère de dicter chaque décision du ménage a appris à fixer une limite : « Je t'aime, maman, mais j'honorerai d'abord mon mari. » Cette limite a sauvé son mariage.

Fixer des limites dans les relations est crucial pour maintenir une dynamique saine et assurer le respect mutuel. Il permet aux individus d'établir leurs propres besoins et limites tout en tenant compte des besoins de leur partenaire. En communiquant clairement et en respectant ces limites, les couples peuvent gérer les conflits plus efficacement et cultiver un lien plus fort fondé sur la confiance et la compréhension. Essentiellement, les limites servent de base à une relation réussie et épanouissante, et les deux parties se sentent valorisées et respectées.

CAS OÙ LES LIMITES SONT VIOLÉES

Mais que se passe-t-il lorsque les limites sont franchies ? C'est là que nous rencontrons la douloureuse réalité de la trahison. Jésus lui-même a parlé des offenses : « *Il est impossible qu'il n'y ait des offenses* » (Luc 17:1). Même dans l'alliance, le péché s'immisce. Un mot dur, un compte bancaire caché, une liaison adultère : ce ne sont pas de simples erreurs, mais des violations de la confiance sacrée.

Lorsque les limites sont violées, la confiance qui était autrefois établie est brisée, laissant derrière elle un sentiment de trahison et de douleur. Cela peut ressembler à une blessure profonde qui peut prendre du temps à guérir, si jamais c'est le cas. Le non-respect des limites peut entraîner des sentiments de colère, de ressentiment et même une perte de respect pour l'autre personne. Il peut être difficile de surmonter ces violations et de reconstruire la confiance qui a été brisée. Afin de remédier aux violations des limites, il est important que les deux parties communiquent ouvertement et honnêtement sur ce qui s'est passé, ce qu'elles ont ressenti et les mesures qui peuvent être prises pour éviter que cela ne se reproduise à l'avenir.

Lorsque les limites sont violées, les couples se trouvent à la croisée des chemins. Un chemin mène à l'amertume, à la distance et à la dissolution finale. L'autre mène, à travers la vallée du pardon, vers la possibilité d'une restauration et d'une relation plus forte et plus saine. Il exige que les deux parties reconnaissent leur rôle dans la violation et soient disposées à apporter des changements pour éviter qu'elle ne se reproduise. En fixant des limites claires, en communiquant efficacement et en travaillant ensemble pour rétablir la confiance, les couples peuvent surmonter les violations des limites et renforcer leur lien. Ce n'est pas un voyage facile, mais, avec de l'engagement et des efforts, il est possible de dépasser la blessure et de créer une relation plus sûre et épanouissante.

Le choix n'est pas facile, mais il est crucial. Il faut être prêt à faire face à des vérités inconfortables et à s'attaquer aux problèmes sous-jacents qui ont pu contribuer à la violation des limites. Les deux partenaires doivent être ouverts à l'exploration de leurs propres vulnérabilités et insécurités, ainsi qu'à la compréhension de l'impact de leurs actions sur l'autre personne. Ce processus peut être douloureux et difficile, mais il est nécessaire à la véritable guérison et à la croissance. En faisant face ensemble à ces vérités difficiles, les couples peuvent en sortir plus forts et plus résilients, avec une compréhension et une appréciation plus profondes l'un de l'autre. Le choix de se lancer dans ce voyage est courageux, mais les récompenses d'une relation restaurée et renforcée en valent la peine.

LA NATURE DU PARDON

Le pardon n'est pas le déni. Il ne dit pas : « Cela n'avait pas d'importance » ou « Cela n'a pas fait mal ». Le pardon nomme le péché pour ce qu'il est, puis libère l'offenseur de sa dette. Jésus l'a montré à la croix : « *Père, pardonne-leur, car ils ne savent pas ce qu'ils font* » (Luc 23:34). Il n'a pas excusé la crucifixion ; Il a pardonné malgré cela.

Le pardon exige de reconnaître la douleur et les actes répréhensibles, mais de choisir de laisser aller la colère et le ressentiment qui peuvent empoisonner les relations. C'est une décision consciente de se libérer du fardeau de s'accrocher aux blessures du passé et d'aller de l'avant avec un esprit de grâce et de compassion. En choisissant de pardonner, nous ouvrons la porte à la guérison et à la réconciliation, ce qui permet la possibilité d'une relation renouvelée et transformée. Tout comme Jésus l'a démontré sur la croix, le pardon a le pouvoir d'apporter la rédemption et la restauration, ouvrant la voie à un avenir rempli d'amour et de compréhension.

Dans le mariage, le pardon n'est pas un événement ponctuel, mais une pratique continuelle. Les conjoints se blessent mutuellement, parfois quotidiennement. Pourtant, l'alliance dure lorsque le pardon coule. Paul commande : « Soyez bons les uns envers les autres, ayez le cœur doux, vous pardonnant les uns aux autres, comme Dieu vous l'a fait en Christ » (Éphésiens 4:32).

ILLUSTRATION

Le pardon, c'est comme enlever les débris d'une rivière. Si on laisse les pierres de l'offense s'entasser, l'eau de l'amour est endiguée. Le pardon enlève les pierres, permettant à la rivière de couler à nouveau.

C'est un choix délibéré de laisser aller le ressentiment et l'amertume et d'étendre la grâce et la miséricorde à notre conjoint, tout comme Dieu l'a fait pour nous. Cela exige de l'humilité, de la vulnérabilité et une volonté d'avancer dans l'amour. En pratiquant le pardon dans le mariage, non seulement nous renforçons notre lien avec notre conjoint, mais nous reflétons également le pardon et la grâce que nous avons reçus de Dieu. De même que le fleuve coule librement lorsque les débris sont nettoyés, l'amour et la compréhension peuvent s'épanouir dans un mariage où le pardon est continuellement pratiqué.

PARDON OU RESTAURATION

Il est essentiel de distinguer le pardon de la restauration. Le pardon peut être accordé instantanément, un cœur libérant l'amertume. Mais la restauration nécessite du temps, de la repentance et une confiance reconstruite. Un homme qui confesse l'adultère peut être pardonné par sa femme en un instant, mais la restauration de l'intimité peut prendre des années. Le pardon est un don ; la restauration est un processus.

C'est pourquoi des conseils rapides comme « pardonnez et passez à autre chose » sont superficiels et même nuisibles.

Il néglige la complexité et la profondeur des blessures qui doivent être guéries pour qu'une véritable restauration se produise. Il ne reconnaît pas non plus l'importance des limites et de la responsabilité dans le rétablissement de la confiance. Sans ces éléments essentiels, le pardon seul ne peut pas réparer complètement les dommages causés à une relation. Par conséquent, il est crucial pour les couples de comprendre la différence entre le pardon et la restauration et de travailler activement dans ce sens afin de vraiment guérir et renforcer leur mariage.

La véritable restauration exige la confession, la repentance, la responsabilité et souvent un soutien pastoral ou thérapeutique. C'est un travail lent, mais un travail sacré.

PORTRAITS BIBLIQUES DU PARDON ET DE LA RESTAURATION

L'histoire d'Osée et de Gomer est l'une des images les plus puissantes de l'Écriture. Gomer a trahi Osée à plusieurs reprises, poursuivant d'autres amants. Pourtant, Dieu a ordonné à Osée de la racheter, non pas parce qu'elle le méritait, mais parce que son amour devait être un miroir de l'alliance de Dieu avec Israël infidèle. Cela ne signifie pas que tous les conjoints trahis doivent revenir, mais cela révèle la possibilité d'une restauration par l'amour surnaturel.

De même, Pierre a renié Jésus trois fois. Pourtant, Jésus l'a restauré sur les rives de la Galilée : « *M'aimes-tu ? Pais mes brebis* » (Jean 21). Le pardon a restauré les relations.

QUAND LE PARDON NE SUFFIT PAS

Il y a des moments où le pardon ne mène pas à la réconciliation, où les sévices continuent, où le repentir est absent ou où les limites sont constamment franchies. Dans de tels cas, le pardon peut libérer le cœur de la victime, mais la restauration du mariage peut ne pas être possible. En raison du préjudice continu et de l'absence de véritable changement. Dans ces situations, il est important pour le conjoint trahi d'accorder la priorité à sa propre sécurité et à son bien-être, en recherchant le soutien d'amis, de membres de la famille ou de professionnels de confiance. Il est crucial de fixer des limites et de se protéger contre d'autres préjudices, même si la réconciliation n'est pas possible. En fin de compte, le pardon est un voyage personnel qui peut apporter guérison et liberté, même en l'absence de relations restaurées.

Dieu n'appelle pas ses enfants à rester dans des cycles perpétuels de destruction. Dans ces cas, le pardon libère l'offenseur de la justice de Dieu, tandis que la victime entre dans la paix.

C'est un processus difficile et souvent douloureux, mais choisir de pardonner peut conduire à un sentiment de libération et de paix intérieure. En abandonnant le ressentiment et la colère, le conjoint trahi peut commencer à aller de l'avant et à reconstruire sa vie. Bien que les cicatrices de la trahison ne disparaissent peut-être jamais complètement, le pardon peut aider à atténuer leur impact et permettre une croissance personnelle et une guérison. En fin de compte, le pardon est un cadeau que nous nous faisons à nous-mêmes, qui nous permet de nous libérer des chaînes du passé et d'embrasser un avenir meilleur.

LE RÔLE PROPHÉTIQUE DES LIMITES DU PARDON

Dans une génération dans laquelle le mariage est fragile, les couples qui pratiquent les limites et le pardon deviennent des témoins prophétiques. Ils démontrent au monde que la grâce et la discipline sont tout aussi importantes à maintenir une alliance que la romance. Un mariage où les limites sont respectées et où le pardon coule à flots est comme un phare, stable dans les tempêtes, guidant les autres vers l'espoir.

Les limites fournissent un cadre pour une communication saine et le respect mutuel au sein d'une relation. Elles établissent des attentes et des conséquences claires, ce qui permet d'éviter les malentendus et les conflits. Lorsque les limites sont constamment appliquées, elles créent un sentiment de sécurité, permettant aux deux partenaires de se sentir valorisés et compris. De plus, le pardon joue un rôle crucial dans le maintien d'un lien fort et durable entre deux individus. En abandonnant les blessures et les ressentiments du passé, les couples peuvent aller de l'avant avec un sentiment renouvelé de confiance et d'intimité. Ensemble, les limites et le pardon forment le fondement d'un mariage prospère, servant de lueur d'espoir à ceux qui cherchent à construire un partenariat durable.

CONCLUSION

Les frontières gardent l'alliance. Le pardon guérit les brèches. La restauration rétablit la confiance. Ces trois-là ensemble créent des mariages qui non seulement survivent, mais témoignent également de la gloire du Christ et de son Église. La question pour chaque couple n'est pas de savoir si les deux membres vont s'offenser l'un l'autre, mais s'ils choisiront le chemin du pardon et de la restauration lorsque les limites sont brisées.

Le mariage, après tout, n'est pas l'union de deux personnes parfaites, mais l'alliance de deux pécheurs apprenant à aimer comme le Christ a aimé, avec vérité, avec grâce et avec l'espérance de la rédemption. Choisir de pardonner et de restaurer dans un mariage est un témoignage puissant du pouvoir transformateur de l'amour et de la grâce. C'est dans ces moments de vulnérabilité et d'humilité que la véritable croissance et la guérison peuvent se produire. En suivant l'exemple du Christ dans nos relations, nous pouvons édifier des mariages qui reflètent son amour inconditionnel et sa rédemption. En tant qu'êtres imparfaits, nous devons constamment nous efforcer d'étendre le pardon et de chercher la restauration, sachant que c'est à travers ces actes que nous pouvons vraiment faire l'expérience de la beauté et de la profondeur d'un partenariat centré sur le Christ.

CHAPITRE 11

LE RÔLE DE L'ÉGLISE EN TANT QUE COMMUNAUTÉ DE GUÉRISON

Embrasser les brisés et restaurer l'espoir

Lorsque les mariages s'effondrent et que les familles se brisent, les répercussions ne s'arrêtent pas à la porte de la maison. Elles secouent aussi l'église. Tous les pasteurs l'ont ressenti : le couple qui s'asseyait autrefois côte à côte s'assoit maintenant séparément, ou pas du tout ; les enfants qui couraient autrefois joyeusement à l'école du dimanche se retirent maintenant dans la confusion ; l'équipe du ministère s'est fracturée parce que deux de ses membres sont en conflit dans leur pays. Le divorce ne reste pas privé. Il saigne dans le corps du Christ.

L'Église doit s'affirmer en tant que communauté de guérison en ces temps de rupture. Il ne suffit pas d'offrir des prières et des platitudes. Des mesures doivent être prises pour soutenir et rétablir ceux qui souffrent. Il peut s'agir de fournir des services de conseil, d'organiser des groupes de soutien ou simplement d'être à l'écoute des personnes dans le besoin. L'Église a une occasion unique de montrer l'amour et la grâce de Dieu en ces moments de crise et il est essentiel pour nous de se montrer à la hauteur de la situation. En nous rassemblant en tant que communauté, nous pouvons aider à réparer les blessures causées par les relations brisées et apporter la guérison à ceux qui souffrent.

La question n'est pas de savoir si le divorce touchera l'Église, mais comment réagira l'Église lorsqu'il le fera. Deviendrons-nous une communauté qui condamne ou une communauté qui guérit ? Allons-nous perpétuer la honte ou incarnerons-nous la grâce et la vérité du Christ ?

Il est crucial que nous abordions le sujet de divorce avec compassion et compréhension, en reconnaissant que chaque situation est complexe et unique. Nous devons résister à la tentation de porter un jugement et offrir plutôt notre soutien et nos conseils à ceux qui traversent cette période difficile. En tant que disciples du Christ, nous sommes appelés à nous aimer les uns les autres inconditionnellement, tout comme il nous aime. Soyons un phare d'espoir et de guérison pour ceux qui souffrent, en leur montrant l'amour et la grâce que le Christ nous a montrés. « Ne juge pas, ou toi aussi tu seras jugé. Car de la même manière dont tu juges les autres, tu seras jugé, et avec la mesure dont tu t'utilises, cela te sera mesuré. »

Alors que nous naviguons dans la délicate question du divorce, souvenons-nous de ces paroles et abstenons-nous de porter un jugement sévère sur ceux qui traversent cette expérience douloureuse. Au lieu de cela, offrons-leur la même grâce et la même compréhension que le Christ nous a montrées. Que nos actions soient guidées par l'amour et la compassion, plutôt que par la condamnation !

L'ÉGLISE COMME TÉMOIN DE L'ALLIANCE

Depuis le début, le mariage a été une alliance publique. Dans l'ancien

Israël, les mariages étaient célébrés aux portes de la ville, en présence des anciens et de la communauté. L'Église, en tant que peuple de Dieu rassemblé, continue ce rôle. Lorsqu'un couple dit « oui » devant des témoins, l'Église n'est pas un spectateur silencieux, mais un témoin actif de l'alliance.

L'Église est appelée à soutenir et à faire respecter l'alliance du mariage, non seulement en temps de célébration, mais aussi en temps de lutte et d'épreuve. Tout comme Dieu est fidèle à son alliance avec son peuple, l'Église est appelée à refléter cette fidélité dans son soutien aux couples mariés. Cela signifie offrir des conseils, des encouragements et des ressources pour aider les couples à surmonter les défis qui se posent inévitablement dans le mariage. En tant que témoin de l'alliance, l'Église peut aider les couples à rester fidèles à leurs vœux et à faire l'expérience de la plénitude de l'amour et de la grâce de Dieu dans leur relation.

Cela signifie que l'Église porte également la responsabilité lorsque des alliances sont rompues. Pas la responsabilité du péché lui-même, mais la responsabilité de guider, de discipliner, de guérir et de restaurer. Paul exhorta les Galates : « *Frères, si quelqu'un est pris en flagrant délit de transgression, vous qui êtes spirituels, vous le rétablirez dans un esprit de douceur* » (Galates 6:1). L'Église n'est pas une salle d'audience qui prononce une sentence ; c'est un hôpital qui soigne les blessés.

C'est à travers ce processus de restauration que l'Église peut vraiment démontrer l'amour et le pardon de Dieu. Tout comme le Christ nous a pardonné nos péchés, l'Église doit également étendre cette même grâce et cette même miséricorde à ceux qui n'ont pas été à la hauteur. En marchant aux côtés de ceux qui ont rompu leurs alliances, l'Église peut les aider à revenir à un lieu de plénitude et de réconciliation. Ce n'est pas une tâche facile, mais c'est une tâche cruciale pour défendre la sainteté du mariage et l'importance de tenir sa parole.

LES BLESSÉS PARMI NOUS

Dans chaque congrégation, il y a des hommes et des femmes qui souffrent en silence des séquelles du divorce. Certains portent ouvertement leurs blessures, demandant la prière. D'autres se cachent dans la honte, craignant d'être jugés. D'autres encore prétendent que tout va bien, tandis que leurs maisons s'effondrent en secret.

Il est impératif pour l'Église de créer un espace sûr et accueillant pour que ces personnes puissent guérir et trouver du soutien. Il est essentiel pour la communauté ecclésiale d'offrir de la compassion, de la compréhension et une aide pratique à ceux qui luttent contre les conséquences du divorce. Ce n'est qu'en étendant l'amour et la grâce aux blessés parmi nous que nous pouvons vraiment incarner les enseignements du Christ et accomplir notre mission en tant que phare d'espoir et de guérison dans un monde brisé. Par exemple, une femme qui a récemment divorcé peut se sentir isolée et seule dans sa douleur, hésitant à demander de l'aide. En créant des groupes de soutien ou des services de conseil spécialement adaptés aux personnes qui traversent le divorce, l'Église peut lui fournir un espace sûr pour partager ses difficultés et recevoir des conseils sur la façon de traverser cette période difficile. Par des actes de gentillesse, une écoute attentive et des soins sincères, la communauté ecclésiale peut offrir un soutien concret : aide à la garde des enfants, préparation de repas, ou encore appui financier afin de soulager certains fardeaux immédiats.

ÉTUDE DE CAS

Je me souviens d'une jeune mère qui venait fidèlement à l'église chaque dimanche, toujours souriante, toujours servante. Pourtant, derrière ce sourire se cachaient des soirées marquées par les réprimandes d'un mari violent et des enfants qui pleuraient jusqu'à s'endormir. Elle n'osait pas parler, convaincue que le divorce la ferait passer pour une personne «

disqualifiée » aux yeux de l'Église. Lorsque la vérité a finalement émergé, elle a murmuré : « **Je ne pensais pas que l'Église était un endroit sûr pour les gens brisés.** »

Ces paroles devaient nous transpercer. L'Église est censée être l'endroit le plus sûr pour les brisés. Le Christ lui-même a déclaré : « L'Esprit du Seigneur est sur moi... Il m'a *envoyé pour panser ceux qui ont le cœur brisé* (Luc 4:18). Si Son Esprit est sur nous, Son Église ne devrait-elle pas aussi panser ceux qui ont le cœur brisé ?

GUIDER À TRAVERS LA CRISE CONJUGALE

Une Église de guérison n'attend pas que les mariages s'effondrent avant d'agir. Il guide les couples de manière proactive, en fournissant des conseils prénuptiaux, en proposant des cours d'enrichissement du mariage et en créant une culture de soutien et de responsabilité au sein de la congrégation. Lorsqu'une crise conjugale survient, l'Église devrait être un lieu de refuge et de restauration, et non de jugement et de condamnation. En suivant l'exemple de compassion et de grâce du Christ, l'Église peut vraiment être une lueur d'espoir pour ceux qui luttent dans leurs relations.

- **Counseling prénuptial :** Préparer les couples à comprendre l'alliance, les limites et les réalités spirituelles liées aux autels familiaux. En aidant les futurs époux à établir une base solide fondée sur le respect mutuel, la communication et des valeurs partagées, le counseling prénuptial les équipe pour une vie d'amour et d'engagement. Il est essentiel que les couples saisissent la portée de leurs vœux de mariage ainsi que les responsabilités qui en découlent. En abordant les défis potentiels et en fournissant des outils pratiques pour les affronter, le counseling prénuptial contribue à bâtir une relation stable, durable et centrée sur Dieu.
- **Discipulat conjugal :** Offrir des enseignements, des retraites et

de petits groupes où les couples peuvent renforcer leur alliance ensemble. Marital Discipleship offre une communauté de soutien où les couples peuvent continuer à grandir et à approfondir leur relation après le jour du mariage. Grâce à l'enseignement, aux retraites et aux petits groupes, les couples peuvent apprendre à appliquer les principes bibliques à leur mariage et à naviguer dans les hauts et les bas de la vie ensemble. En investissant dans leur relation et en recherchant les conseils de mentors expérimentés, les couples peuvent construire une base solide qui les soutiendra dans les années à venir.

- **Intervention en cas de crise :** Lorsqu'un conflit survient, intervenir non pas en tant que juges, mais en tant que médiateurs, en offrant des conseils bibliques et des prières. Cette approche permet aux couples d'aborder les problèmes de manière saine et constructive, plutôt que de les laisser s'envenimer et devenir des problèmes plus vastes. En cherchant à intervenir en temps de crise, les couples peuvent résoudre leurs problèmes avec une communauté de soutien à leurs côtés, renforçant ainsi leurs liens et approfondissant leur engagement l'un envers l'autre. En fin de compte, la formation de disciples fournit aux couples les outils et le soutien dont ils ont besoin pour traverser les tempêtes de la vie ensemble, en sortant plus forts et plus unis que jamais.
- **Discipline réparatrice :** Confronter le péché non repentant (adultère, abus, abandon) avec vérité et amour en visant toujours la repentance et non la honte. La discipline réparatrice dans les relations implique d'aborder des problèmes graves tels que l'adultère, la maltraitance ou l'abandon avec un équilibre entre vérité et amour. Le but n'est pas de faire honte à l'autre personne, mais de la guider vers la repentance et la réconciliation. En affrontant le péché non repentant d'une manière solidaire et aimante, les couples peuvent rétablir la confiance et renforcer leur lien, créant ainsi un partenariat plus sain et plus uni. Cette approche permet aux couples d'aborder les défis de front et d'aller

de l'avant ensemble avec une compréhension et un engagement plus profonds l'un envers l'autre.

Le but de l'Église n'est pas seulement de préserver les apparences, mais de protéger la sainteté et de favoriser la guérison. Cette approche met également l'accent sur l'importance de demander conseil à un chef spirituel ou à un conseiller qui peut apporter sagesse et soutien tout au long du processus de réconciliation. En incorporant la prière, les Écritures et la communauté dans le processus, les couples peuvent trouver de la force et de l'encouragement alors qu'ils naviguent dans le difficile voyage vers le pardon et la restauration. En fin de compte, le rôle de l'Église est d'accompagner les couples dans leur cheminement vers la guérison et la restauration, en offrant grâce, soutien et responsabilité en cours de route.

L'ÉGLISE COMME FAMILLE POUR LES ORPHELINS

Le divorce laisse souvent les enfants à la dérive. Ici, l'Église doit s'élever en tant que famille spirituelle. Le Psaume 68:6 déclare : « Dieu place les solitaires dans les familles. » L'église locale est cette famille.

C'est un endroit où les enfants sans père peuvent trouver de l'amour, du soutien et des conseils alors qu'ils relèvent les défis de grandir sans figure paternelle. L'Église peut fournir des modèles masculins positifs, des programmes de mentorat et des occasions pour les enfants de faire l'expérience de l'amour et de l'attention d'une figure paternelle dans un environnement sûr et stimulant. En intervenant pour combler le vide laissé par les pères absents, l'Église peut aider à briser le cycle de l'absence de père et fournir aux enfants le soutien dont ils ont besoin pour s'épanouir et réussir dans la vie.

Les expressions pratiques comprennent :

- Des pères et des mères spirituels **qui encadrent** les enfants du divorce. En favorisant un sentiment de communauté et d'appartenance, l'Église peut créer un environnement favorable où les enfants sans père se sentent valorisés et aimés. Grâce à des programmes de mentorat et aux conseils de pères et de mères spirituels, les enfants des divorcés peuvent recevoir les conseils et les encouragements dont ils ont besoin pour relever les défis auxquels ils sont confrontés. En offrant une influence positive et stable dans leur vie, l'Église peut jouer un rôle crucial pour aider ces enfants à construire une base solide pour leur avenir.
- Les enseignants de l'école du dimanche sont plus que **des instructeurs** devenant des lieux sûrs pour les enfants qui souffrent. Ces enseignants peuvent fournir non seulement des leçons académiques, mais aussi un soutien émotionnel et des conseils, servant de modèles aux enfants qui n'ont peut-être pas de figure paternelle à la maison. En faisant preuve d'attention et de compassion, ces enseignants peuvent aider à combler le vide laissé par les parents absents et à créer un sentiment de sécurité et d'appartenance pour ces enfants. De cette façon, l'Église peut vraiment être une source de guérison et de restauration pour les enfants orphelins, en leur offrant l'amour et le soutien dont ils ont besoin.
- Des ministères de la jeunesse qui reconnaissent les **réalités des foyers brisés** sans stigmatiser ceux qui en sont issus. En fournissant un environnement sûr et stimulant, ces ministères de la jeunesse peuvent donner aux enfants les moyens de surmonter leurs adversités et d'atteindre leur plein potentiel. En offrant du mentorat et des conseils, ils peuvent inculquer à ces enfants des valeurs de résilience, de persévérance et d'estime de soi, les aidant ainsi à relever les défis de grandir sans figure paternelle. Grâce à leur amour et à leur soutien inconditionnels, ces ministères peuvent avoir un impact durable sur la vie des enfants orphelins, en leur montrant qu'ils sont appréciés et capables d'accomplir

de grandes choses.

ILLUSTRATION

Un adolescent m'a dit un jour : « Je n'ai qu'un seul vrai père, mais j'ai l'impression d'avoir cinq pères spirituels dans cette église. » C'est-à-dire que l'Église fonctionne comme une communauté de guérison, comblant les lacunes laissées par les alliances brisées.

Ces pères spirituels au sein de l'Église offrent un mentorat, des conseils et un sentiment d'appartenance à ces enfants orphelins, aidant à façonner leur caractère et à inculquer un sens du but dans leur vie. En intervenant pour soutenir et élever ces enfants, l'Église leur offre non seulement un sentiment de stabilité et de sécurité, mais les aide également à développer les compétences et la confiance nécessaires pour surmonter les obstacles auxquels ils peuvent être confrontés. L'impact de ces ministères va au-delà de la simple fourniture d'un soutien matériel ou émotionnel ; ils changent vraiment la trajectoire de la vie de ces enfants pour le mieux.

LA TENSION DE LA VÉRITÉ ET DE LA GRÂCE

L'Église se trompe souvent sur l'un des deux extrêmes. Dans certaines communautés, la vérité est mise en avant jusqu'à la cruauté : les croyants divorcés sont stigmatisés, interdits de servir, traités comme s'ils portaient une lettre écarlate permanente. Chez d'autres, la grâce est accentuée jusqu'à la permissivité : le divorce n'est jamais confronté, le remariage est traité avec désinvolture et l'alliance perd son caractère sacré.

Mais le Christ est venu « plein de grâce et de vérité » (Jean 1:14). L'Église doit refléter les deux. Nous devons prêcher l'alliance avec audace, c'est-à-dire que le mariage est sacré et saint pour la vie. Pourtant, nous devons aussi prêcher profondément la grâce – que l'échec n'est pas définitif et que la rédemption est possible.

AVERTISSEMENT PROPHÉTIQUE

Une Église qui abandonne la vérité devient impuissante. Une Église qui abandonne la grâce devient impitoyable. Ce n'est que lorsque les deux sont maintenus ensemble que l'Église peut vraiment guérir.

DIVORCE, REMARIAGE ET MINISTÈRE

L'une des questions pastorales les plus difficiles est de savoir si les croyants divorcés et remariés peuvent servir dans le ministère. Certaines traditions les disqualifient entièrement. D'autres considèrent la question comme non pertinente. L'Église guérisseuse doit marcher avec sagesse.

Si un croyant a divorcé pour des raisons non bibliques, s'est remarié sans se repentir et cherche maintenant à être dirigeant, l'Église doit exiger la confession et la consécration. Le passé ne peut être ignoré. Mais le sang du Christ ne doit pas non plus être renié. Une fois que le péché est confessé et que l'alliance est honorée dans le présent, ces croyants peuvent servir avec humilité, apportant souvent une empathie unique à ceux qui souffrent.

Souvenez-vous de Pierre. Il a renié le Christ, mais il a été restauré et est devenu un pilier de l'Église. L'échec ne disqualifie pas pour toujours. Le repentir rétablit.

IMAGE PROPHÉTIQUE : L'ÉGLISE COMME ÉPOUSE

Le mariage pointe vers Christ et son église. Le divorce déforme cette image. Mais voici le mystère : l'Église elle-même a souvent été infidèle au Christ, mais il ne l'a pas répudiée. Il discipline. Il restaure. Et il rachète. De la même manière, l'Église doit incarner son amour patient.

Lorsque l'Église marche avec les couples à travers la trahison, le pardon et la restauration, elle devient une parabole vivante de l'amour du Christ pour son épouse. La guérison des mariages n'est pas seulement une pastorale, c'est la proclamation de l'Évangile.

UNE COMMUNAUTÉ DE NOUVEAUX AUTELS

Nous avons parlé plus tôt des autels familiaux. L'Église est elle-même un autel communautaire : un lieu où les alliances brisées sont amenées devant Dieu et où de nouveaux départs sont nés. Quand les croyants divorcés sont les bienvenus et non pas rejetés ; quand les enfants de foyers brisés sont embrassés, pas pris en pitié, lorsque l'on prie pour les couples au bord du gouffre, et non qu'on les fait bavarder, l'Église devient un autel de guérison.

C'est ce que Paul envisageait lorsqu'il a écrit aux Éphésiens que l'Église était un temple, construit ensemble comme une demeure pour l'Esprit de Dieu (Éphésiens 2:21-22). Un temple où les pierres fracturées ne sont pas jetées, mais assemblées en quelque chose de glorieux.

RÉFLEXION FINALE

Le rôle de l'Église n'est pas de condamner ceux qui sont brisés, mais de les racheter. Il ne s'agit pas de nier la douleur du divorce, mais d'exercer son ministère au milieu de celle-ci. C'est prêcher l'alliance avec audace, affronter le péché avec amour et incarner la grâce avec puissance.

Dans un monde où les mariages et les familles s'effondrent, l'Église doit être le dernier sanctuaire de l'espoir. Ce n'est pas un musée des mariages parfaits, mais un hôpital pour ceux qui sont brisés. Ce n'est pas une salle d'audience de jugement, mais un temple de restauration.

Ce n'est qu'alors que l'Église reflétera vraiment son Époux, Celui qui répare ceux qui sont brisés, rachète ceux qui sont tombés et fait toutes choses nouvelles.

CHAPITRE 12

QUESTIONS ET OBJECTIONS QUE LES GENS POSENT AU SUJET DU DIVORCE ET DU REMARIAGE

Clarifier les préoccupations à la lumière des Écritures

CHAQUE FOIS QUE LE DIVORCE et le remariage sont discutés, des questions remontent rapidement à la surface. Elles ne sont pas théoriques, mais profondément personnelles, souvent nées de la douleur, du regret ou de la peur. Certaines questions sont chuchotées en larmes, d'autres sont interrogés avec colère ou confusion. La tâche de l'Église n'est pas de faire taire ces questions, mais d'y répondre à la fois avec la vérité de l'Écriture et la compassion du Christ.

DOIS-JE QUITTER MON NOUVEAU CONJOINT ET RETOURNER AUPRÈS DE MON PREMIER CONJOINT ?

L'une des questions les plus troublantes auxquelles les croyants sont confrontés est de savoir si un second mariage, conclu après un divorce injustifié, doit être dissous pour pouvoir revenir au premier conjoint.

Certains soutiennent que les paroles de Jésus sur le remariage comme étant un adultère exigent un tel retour. Mais les Écritures parlent différemment.

Deutéronome 24:1-4 interdit clairement à une femme divorcée qui a épousé un autre homme de retourner avec son premier mari. Rompre une deuxième alliance dans le but de restaurer la première n'est pas de l'obéissance, mais une aggravation du péché. Le chemin de la rédemption n'est pas la rupture sans fin des vœux, mais la repentance et la consécration dans l'alliance dans laquelle vous êtes maintenant. Si un remariage a mal commencé, le repentir est nécessaire, mais une fois qu'une alliance existe, elle doit être honorée.

LA VIOLENCE EST-ELLE UN MOTIF BIBLIQUE DE DIVORCE ?

La Bible n'énumère pas les « abus » comme une catégorie de la même manière qu'elle énumère l'adultère ou l'abandon, mais le cœur de Dieu ne laisse aucun doute. Malachie 2:16 parle de maris qui « couvrent leurs vêtements de violence » envers leurs femmes. Paul commande aux maris d'aimer leur femme comme leur propre corps, de ne jamais être durs (Éphésiens 5:28-29 ; Col. 3:19). La maltraitance n'est pas un défaut mineur,

c'est une trahison de l'alliance.

Qu'elle soit physique, verbale ou émotionnelle, la violence détruit l'essence même du mariage. C'est une forme d'abandon dans l'esprit, même si ce n'est pas dans le corps. Un conjoint qui utilise l'alliance comme un permis de tourmenter a déjà rompu l'alliance. Les maltraités ne sont pas appelés à rester esclaves. Dieu nous a appelés à la paix.

ET SI JE DIVORÇAIS AVANT LE SALUT ?

Cette question pèse lourdement sur beaucoup de ceux qui viennent à Christ plus tard dans la vie. « Suis-je lié à jamais par les erreurs de mon passé ? Dieu me voit-il comme impur à cause de ce que j'ai fait avant de le connaître ? »

L'Évangile donne une réponse claire : *non*. Paul déclare : « Si quelqu'un est en Christ, il est une nouvelle création. L'ancien est passé ; voici, le nouveau est venu » (2 Corinthiens 5:17). Les divorces passés, aussi douloureux soient-ils, sont couverts par le sang du Christ. Vous n'êtes pas enchaîné à votre histoire d'avant le salut. Vous êtes libres de vivre comme une nouvelle création, en construisant une alliance qui honore le Christ aujourd'hui.

ET SI J'ÉTAIS LE COUPABLE ?

Une autre question est posée avec tremblement : « C'est moi qui ai commis l'adultère, qui ai abandonné, qui ai demandé le divorce sans motif. Suis-je à jamais exclu de la grâce ?

La réponse est encore une fois non. L'adultère est un péché grave, mais ce n'est pas un péché impardonnable. David a commis l'adultère et le meurtre, mais c'est par la repentance qu'il a été rétabli. Si vous étiez le coupable, la repentance est la porte de la rédemption. Vous n'effacerez peut-être pas le passé, mais vous pouvez être pardonné, purifié et doté de la force de marcher fidèlement à partir de ce jour.

DIEU ORDONNE-T-IL JAMAIS LE DIVORCE ?

Cela semble presque impensable, mais dans Esdras 10, Dieu a ordonné à Israël de répudier les femmes païennes qui les entraînaient dans l'idolâtrie. Il ne s'agissait pas d'un divorce fortuit, mais d'un acte radical de protection de l'alliance. Cela démontre que si le divorce attriste le cœur de Dieu, il y a des moments où la séparation sert le but supérieur de protéger la sainteté de son peuple.

Ce passage nous rappelle que l'alliance ultime est avec Dieu lui-même. Si une relation humaine nous pousse à rompre l'alliance avec Lui, cette relation doit être abandonnée.

Dois-je attendre éternellement un conjoint absent ?

Certains conjoints abandonnés vivent dans l'incertitude, se demandant si la fidélité exige d'attendre indéfiniment celui qui est parti. Paul répond : « Si l'époux incroyant se sépare, qu'il en soit ainsi. Dans de tels cas, le frère ou la sœur n'est pas esclave. Dieu vous a appelés à la paix » (1 Corinthiens 7:15).

La fidélité ne signifie pas la captivité indéfinie. Si la réconciliation est possible, elle doit être poursuivie. Mais si l'abandon est définitif, le croyant n'est pas lié pour toujours à un vœu brisé. Le désir de Dieu n'est pas l'esclavage, mais la paix.

AI-JE CAUSÉ LE DIVORCE DE MES PARENTS ?

C'est une question qui n'est pas souvent posée, mais qui est portée en silence dans d'innombrables jeunes cœurs. Les enfants du divorce s'en veulent souvent : « Si je m'étais mieux comporté, si je n'avais pas causé de stress, peut-être qu'ils seraient restés ensemble. »

La vérité doit être dite haut et fort : les enfants ne provoquent pas le divorce. Les adultes rompent l'alliance ; les enfants n'en sont jamais la cause. À chaque fils ou fille qui souffre, la Parole de Dieu dit réconfort : « Quand mon père et ma mère m'abandonneraient, le Seigneur me recueillera » (Psaumes 27:10). Dieu lui-même intervient en tant que Père pour les abandonnés.

LE DIVORCE ME TIENT-IL À L'ÉCART DU CIEL ?

Certains vivent dans la peur que le divorce ne les ait exclus à jamais du royaume de Dieu. Pourtant, les Écritures sont claires. Ce qui nous sépare du ciel, ce n'est pas le divorce, mais le péché et l'incrédulité non repentis. Le divorce est un péché lorsqu'il est en dehors de la volonté de Dieu, mais ce n'est pas un péché impardonnable.

Le voleur sur la croix n'a pas eu l'occasion de réparer son passé, mais Jésus lui a promis le paradis parce qu'il s'est tourné avec foi. De la même manière, les personnes marquées par le divorce peuvent être lavées, purifiées et accueillies dans l'étreinte éternelle du Christ.

CONCLUSION : UNE GRÂCE PLUS GRANDE QUE NOS QUESTIONS

Ces questions sont nombreuses, et les réponses ne sont pas toujours simples. Pourtant, à travers ces dernières se trouve un fil de vérité : le mariage est sacré, le divorce est douloureux, mais la grâce est plus grande. L'Église doit maintenir l'alliance élevée, mais doit aussi élever la grâce encore plus haut. Nous devons être des gens qui n'ont pas peur des questions difficiles, mais qui les affrontent à la fois avec les Écritures et la compassion.

Car, en fin de compte, chaque question sur le divorce et le remariage nous renvoie à la croix – où l'alliance a été rompue par l'humanité mais restaurée par le Christ ; où le péché abondait, mais où la grâce abondait davantage.

CHAPITRE 13

LA GUÉRISON APRÈS LE DIVORCE: LE RENOUVEAU PERSONNEL, SPIRITUEL ET RELATIONNEL

L'espoir retrouvé

L E DIVORCE LAISSE DES BLESSURES profondes. Ce n'est pas seulement une question juridique ou un changement relationnel, mais une déchirure de l'alliance qui affecte l'esprit, l'âme et le corps. Même lorsqu'un divorce était nécessaire – pour des raisons de violence, d'abandon ou de trahison –, la douleur persiste comme un écho. Certains la décrivent comme une mort sans funérailles : la perte est réelle, mais la fermeture est insaisissable. Pourtant, le Dieu que nous servons n'est pas seulement un Dieu de vérité, mais aussi un Dieu de guérison. Il panse ceux qui ont le cœur brisé, Il restaure les années que les sauterelles ont dévorées et Il fait toutes choses nouvelles.

La guérison après le divorce est possible. Cela ne se fait pas du jour au lendemain, mais c'est l'œuvre de la grâce au fil du temps. Dans ce chapitre, nous allons entreprendre le voyage du renouveau personnel, de la restauration spirituelle et de la reconstruction relationnelle pour ceux qui ont été blessés par le divorce.

GUÉRISON PERSONNELLE : FAIRE FACE À LA BLESSURE AVEC HONNÊTETÉ

Le premier pas vers la guérison est l'honnêteté. Trop souvent, les croyants divorcés essaient de minimiser leur douleur : « Je vais bien. Ce n'était pas si mal. J'ai juste besoin de passer à autre chose. » Mais des blessures non reconnues s'enveniment. Le psaume 34:18 dit : « L'Éternel est près de ceux qui ont le cœur brisé, et il sauve ceux qui ont l'esprit brisé. » Dieu ne guérit pas ce que nous refusons de mettre en lumière.

La guérison personnelle exige de faire le deuil de ce qui a été perdu : le mariage qui a échoué, les rêves qui sont morts et la stabilité qui a disparu. Le deuil ne signifie pas vivre dans le désespoir ; cela signifie donner du chagrin dans sa voix afin qu'elle puisse être libérée. Comme les psalmistes qui déversaient leurs lamentations devant Dieu, les croyants divorcés doivent crier leur douleur. La guérison commence lorsque la prétention cesse.

ILLUSTRATION

Une femme m'a dit un jour : « Je ne me suis jamais autorisée à pleurer après mon divorce. Je pensais que c'était de la faiblesse. Mais le jour où j'ai pleuré devant Dieu, j'ai senti ses bras m'entourer pour la première fois depuis des années. » Les larmes ne sont pas un échec ; elles sont la porte d'entrée vers le confort.

GUÉRISON SPIRITUELLE : BRISER LA HONTE ET LA CULPABILITÉ

Le divorce comporte non seulement de la douleur, mais aussi de la honte. Beaucoup de croyants se sentent comme des chrétiens de seconde zone, convaincus qu'ils portent une lettre écarlate aux yeux des autres et même de Dieu. Pourtant, l'Évangile prononce un mot différent dans Romains 8:1 : « Il n'y a donc plus de condamnation pour ceux qui sont en Jésus-Christ. »

La guérison spirituelle signifie briser le mensonge selon lequel le divorce vous définit. Votre identité n'est pas « divorcé(e) ». Votre identité est enfant de Dieu, bien-aimé, racheté. Le divorce fait peut-être partie de votre histoire, mais ce n'est pas votre nom. Quand Jésus a rencontré la Samaritaine au puits, une femme qui avait échoué dans cinq mariages, il ne l'a pas appelée « divorcée ». Il l'a appelée à être une adoratrice en esprit et en vérité, et Il l'a envoyée comme évangéliste dans sa ville. Il a réécrit son identité dans la grâce.

Pour certains, la guérison spirituelle exige également de renoncer aux malédictions prononcées sur des mots tels que « tu ne seras plus jamais aimé » ou « tu seras toujours brisé ». Ce sont des mensonges de l'ennemi. Le sang du Christ parle plus fort, proclamant la liberté et la nouveauté.

GUÉRISON RELATIONNELLE : PARDON ET RÉCONCILIATION

La guérison relationnelle est souvent la plus difficile. Le divorce crée de l'amertume. Les ex-conjoints ont du ressentiment, parfois à juste titre. Pourtant, l'amertume enchaîne le cœur longtemps après la signature des papiers. La guérison exige le pardon.

Le pardon ne signifie pas excuser le mal qui a été fait. Il ne veut pas dire oublier, minimiser, ou se réconcilier lorsque l'autre personne refuse de reconnaître sa faute. **Pardonner, c'est choisir de libérer la dette**, afin de ne pas laisser l'amertume, la colère ou la douleur empoisonner votre propre cœur.

L'apôtre Paul nous rappelle dans **Éphésiens 4:31-32** de rejeter « toute amertume, toute colère, toute clameur et toute médisance » et de pratiquer le pardon, **comme Dieu nous a pardonnés en Christ**. Autrement dit, le pardon est un acte spirituel qui vous libère intérieurement, même si l'autre ne change pas.

La guérison relationnelle peut également s'étendre aux enfants, aux beaux- parents et aux amis pris dans les retombées. Le divorce divise souvent non seulement les couples, mais aussi des communautés entières. La guérison nécessite une reconstruction intentionnelle – montrer aux enfants qu'ils sont aimés, refuser de les empoisonner par l'amertume et apprendre à co-élever avec civilité même lorsque l'amour a disparu.

ÉTUDE DE CAS

Une fois, j'ai eu à prodiguer des conseillers à un père qui n'avait pas parlé à son ex-femme depuis des années, sauf par l'intermédiaire d'avocats. Leur fille a été prise au milieu. Au fil du temps, il a choisi de pardonner, non pas pour rétablir le mariage, mais pour rétablir la paix pour leur enfant. Son ex-femme ne s'est jamais repentie, mais, lui, il a cessé de porter la haine. Leur fille a témoigné plus tard : « J'ai vu Jésus dans mon père parce qu'il a choisi l'amour plutôt que l'amertume. »

RECONSTRUCTION DE LA CONFIANCE EN DIEU ET EN SOI-MÊME

L'une des blessures cachées du divorce est la perte de confiance en soi. Beaucoup se demandent : « Comment ai-je pu faire un si mauvais choix

? Comment n'ai-je pas vu les panneaux ? Puis-je un jour faire confiance à mon propre jugement ? » Ce doute se retrouve souvent dans leur marche avec Dieu : « Dieu ne m'a-t-il pas prévenu ? Sa voix ma-t-elle manqué ? »

La guérison ici exige une redécouverte de la fidélité de Dieu. Même lorsque nous faisons de mauvais choix, Dieu est capable de nous racheter. Romains 8:28 promet que tout, même les mariages ratés, concourent au bien de ceux qui l'aiment. Le divorce n'est pas la fin de votre histoire ; cela peut être le sol où Dieu cultive une nouvelle force, une nouvelle sagesse et une nouvelle compassion.

Apprendre à se faire confiance à nouveau vient lentement. Cela commence par ancrer votre identité dans le Christ plutôt que dans des décisions passées. Il mûrit à travers la communauté, permettant à des pasteurs, des mentors et des amis spirituels de confiance de marcher avec vous. Au fil du temps, la confiance se reconstruit, non pas par la perfection, mais par la grâce.

LE RÔLE DE L'ÉGLISE DANS LA GUÉRISON

La guérison après un divorce s'accomplit rarement seule. L'Église doit être une communauté de restauration. Cela signifie offrir des groupes de soutien aux croyants divorcés, des ressources de conseil, des prières d'intercession et une culture de la grâce plutôt que du jugement. L'Église devrait être le lieu où ceux qui ont peur du divorce trouvent de l'espoir, et non de la honte.

Imaginez une congrégation dans laquelle une femme divorcée n'est pas chuchotée mais embrassée, où un père célibataire n'est pas pris en pitié mais fortifié, où les enfants du divorce sont entourés de tantes, d'oncles et de grands-parents spirituels qui comblent les lacunes ! C'est à cela que ressemble l'Église de la guérison.

LA RESTAURATION PROPHÉTIQUE : UN NOUVEAU DÉPART

Dieu est un Rédempteur. Il ne se contente pas de panser les plaies ; Il fait toutes choses nouvelles. Joël 2:25 contient une promesse prophétique : « Je te rendrai les années que la sauterelle a mangées. » Le divorce a peut-être dévoré des années, des rêves et de la joie, mais Dieu peut restaurer. Pour certains, ce rétablissement peut signifier le remariage dans le Seigneur. Pour d'autres, cela peut signifier s'épanouir dans le célibat. Pour tous, cela signifie la paix, la plénitude et un avenir rempli d'espoir.

ILLUSTRATION

Une femme m'a dit un jour : « Après mon divorce, j'ai cru que ma vie était finie. Mais Dieu m'a rencontrée dans ma solitude, et Il est devenu mon mari. Des années plus tard, il m'a donné un nouveau mariage, mais le plus grand cadeau n'a pas été mon nouveau mari, c'est l'intimité que j'ai trouvée avec lui dans le désert. »

RÉFLEXION FINALE

Le divorce est dévastateur, mais ce n'est pas la fin. La guérison est possible : la guérison personnelle par le chagrin sincère, la guérison spirituelle par la rupture de la honte, la guérison relationnelle par le pardon et la guérison prophétique par la restauration. Le voyage est long, mais la destination est paisible.

Le Dieu qui déteste le divorce est aussi le Dieu qui guérit les divorcés. Il déteste ce qui déchire, mais il aime ce qui est déchiré. Il méprise la trahison, mais Il restaure la trahison. En Christ, chaque cicatrice peut devenir un témoignage, chaque blessure un témoignage, et chaque alliance rompue un autel de grâce.

CHAPITRE 14

Reconstruire sa vie et son but après le divorce

« Trouver un sens au-delà de la douleur »

Le divorce a le don de donner aux gens l'impression que la vie elle-même s'est effondrée. Pour beaucoup, il ne s'agit pas seulement de la perte d'un conjoint, mais aussi de l'anéantissement des rêves, de l'espoir et du démantèlement de la stabilité. Les vœux autrefois prononcés avec une joie tremblante résonnent maintenant comme des rappels de déception. Pour certains, même l'idée de reconstruire semble impossible. Pourtant, le Dieu que nous servons n'est pas seulement le Dieu de l'alliance, mais aussi le Dieu de la restauration. Il est Celui qui fait renaître la beauté de ses cendres, la joie du deuil et la vie de ce qui semble être la mort.

Au milieu du chaos et du chagrin du divorce, il peut être difficile de voir une voie à suivre. Mais si nous nous appuyons sur notre foi et notre confiance dans les promesses de Dieu, nous pouvons trouver la force de faire chaque pas vers la guérison et la plénitude. Ce n'est peut-être pas facile, le chemin à parcourir peut-être long et difficile, mais nous pouvons nous accrocher à l'espoir que Dieu est avec nous à chaque étape du chemin, nous guidant vers un avenir rempli de rédemption et de renouveau. Avec sa grâce et son amour, nous pouvons trouver la paix au milieu de la tempête et commencer à entrevoir des aperçus d'un nouveau départ émergeant des ruines de notre brisure.

Lorsque le divorce survient, c'est la tentation à croire que l'histoire est terminée. L'ennemi murmure des mensonges : « Vous êtes finis. Vous êtes disqualifié. Tu ne te relèveras jamais. » Mais la voix de Dieu parle différemment : « Voici, je fais toutes choses nouvelles. » Ce chapitre s'adresse à ceux qui se demandent comment recommencer. Il ne s'agit pas d'une liste d'instructions froides, mais d'un témoignage de la grâce rédemptrice de Dieu qui coule toujours, même après la rupture d'alliances. C'est un rappel, que même dans les moments les plus sombres, il y a toujours de l'espoir pour des lendemains meilleurs. L'amour de Dieu est sans fin et ses plans pour nous sont toujours bons, même lorsque nous ne pouvons pas le voir au milieu de notre douleur. Alors, prenez courage, cher ami, car ce n'est pas la fin de votre histoire. C'est le début d'un nouveau chapitre rempli de guérison, de restauration et de la promesse d'un bel avenir devant nous.

REDÉCOUVRIR QUI VOUS ÊTES

La première étape de la reconstruction est de retrouver l'identité. Le divorce a une façon de remodeler la façon dont une personne se voit. Certains se sentent marqués à jamais : divorcés, abandonnés, indignes. Pourtant, Dieu ne renomme jamais ses enfants en fonction de leurs échecs. Il les appelle aimés, choisis et rachetés.

Afin d'aller de l'avant et d'embrasser le nouveau chapitre qui vous attend, il est essentiel de vous reconnecter à la vérité de qui vous êtes aux yeux de Dieu. Prenez le temps de réfléchir à votre valeur, non pas à travers vos erreurs ou vos circonstances passées, mais à travers l'amour inconditionnel et la grâce que Dieu accorde. Souvenez-vous que vous êtes un enfant chéri de Dieu, digne d'amour, de pardon et d'un avenir lumineux. Accueillez cette vérité et laissez-la guider chacun de vos pas sur le chemin de la guérison et de la restauration.

En commençant à intérioriser cette vérité, vous trouverez la force et le courage de vous débarrasser de la honte et de la culpabilité qui vous ont peut-être pesé. Permettez- vous d'accepter pleinement le pardon de Dieu et d'embrasser la liberté qui l'accompagne. Faites confiance à son plan pour votre vie et croyez qu'il a un but pour vous, en dépit des revers ou les échecs que vous avez pu rencontrer. Avec l'amour de Dieu comme fondement, vous pouvez aller de l'avant avec confiance et espoir, sachant que vous n'êtes jamais seul dans votre cheminement vers la guérison et la restauration.

PLEINEMENT ACCEPTÉ, AIMÉ POUR TOUJOURS

Rappelez-vous que l'amour de Dieu est inconditionnel et que Sa grâce est toujours disponible pour vous. Réconfortez-vous dans le fait qu'il est toujours prêt à vous accueillir à bras ouverts, peu importe jusqu'où vous vous êtes égaré. Abandonnez tout sentiment d'indignité ou d'inadéquation et concentrez-vous plutôt sur la vérité que vous êtes un enfant bien-aimé de Dieu. Embrassez la vérité que vous êtes digne d'amour et de pardon et permettez-vous de ressentir la paix et la joie qui viennent du fait d'être en sa présence. Faites confiance à ses promesses et comptez sur sa force alors que vous poursuivez votre voyage de guérison et de restauration.

Rappelez-vous que la grâce de Dieu n'est pas basée sur notre propre mérite, mais sur Son amour inconditionnel pour nous. Si vous Lui abandonnez vos peurs et vos doutes, Il les remplacera par Sa paix et Son réconfort. Permettez-vous d'être rempli de son amour et laissez-le déborder dans tous les aspects de votre vie. Embrassez la liberté qui vient du fait de savoir que vous êtes pleinement accepté et chéri par Celui qui vous a créé. Laissez sa grâce être votre guide alors que vous naviguez dans les défis et les incertitudes de la vie, sachant qu'il est toujours à vos côtés, prêt à vous soutenir et à vous élever.

Son amour ne connaît pas de limites et Sa grâce demeure suffisante pour chacun de vos besoins. Faites confiance à Son plan pour votre vie et appuyez-vous sur Lui dans les moments difficiles. Avec Dieu comme fondement, vous pouvez affronter n'importe quelle tempête et surmonter tout obstacle. Trouvez du réconfort dans la certitude que vous n'êtes jamais seul : Il est toujours à vos côtés, vous guidant et vous portant dans Son étreinte aimante. Laissez Son amour vous transformer de l'intérieur, vous façonnant pour devenir la personne qu'Il vous a créée pour être. Marchez dans Sa lumière et laissez Son amour rayonner à travers vous, éclairant les ténèbres et apportant l'espérance à ceux qui vous entourent.

DÉFINI PAR LE CHRIST, NON PAR L'ÉCHEC

Les paroles de Paul dans 2 Corinthiens 5:17 parlent fort ici : « Si quelqu'un est en Christ, il est une nouvelle création. L'ancien est passé ; voici, le nouveau est venu. » Remarquez que l'Écriture ne dit pas : « Si quelqu'un a un mariage parfait... » ou « Si quelqu'un n'a jamais échoué... » mais plutôt : « Si quelqu'un est en Christ ». Votre alliance avec Dieu est ininterrompue, même lorsque les alliances humaines échouent.

Par conséquent, en tant que nouvelle création dans le Christ, vous êtes appelé à refléter son amour et sa grâce dans tous les domaines de votre vie, y compris vos relations. Même lorsque vous êtes confronté à des défis ou à des échecs, rappelez-vous que l'amour de Dieu pour vous est constant et inébranlable. Laissez-vous guider par cette vérité alors que vous naviguez dans les complexités des relations humaines, sachant qu'en fin de compte, vous êtes défini par votre identité en Christ. Embrassez cette nouvelle réalité de la création et permettez-lui de façonner la façon dont vous abordez tous les aspects de votre vie, y compris votre mariage et vos autres relations. Faites confiance à la fidélité de Dieu et comptez sur sa force pour vous aider à marcher dans sa lumière et son amour, même au milieu des ténèbres et des luttes.

N'oubliez pas que l'amour de Dieu est le fondement sur lequel vous pouvez bâtir des relations saines et épanouissantes. En vous appuyant sur Sa grâce et sur Ses conseils, vous trouverez la force et la sagesse nécessaires pour traverser les hauts et les bas de la vie avec un cœur rempli d'amour, de patience et de pardon. Que vos relations deviennent le reflet de la bonté et de la grâce de Dieu, et observez comment Il les transforme en sources de joie, de paix et de croissance personnelle.

Faites confiance au plan de Dieu pour votre vie et reposez-vous dans la certitude que Son amour vous soutiendra toujours, quelles que soient les difficultés que vous rencontrerez. Proverbes 3:5-6 nous rappelle de faire confiance au Seigneur de tout notre cœur, sans nous appuyer sur notre propre intelligence. En Le reconnaissant dans toutes nos voies, Il dirigera nos pas. En laissant l'amour et la direction de Dieu guider vos relations et vos décisions, vous marcherez vers une vie remplie de paix, de joie et d'harmonie.

Si nous continuons à marcher dans la foi et la confiance dans le plan de Dieu pour notre vie, nous pouvons être sûrs qu'il ne nous quittera jamais et ne nous abandonnera jamais. Même au milieu de l'incertitude et des défis, son amour reste constant et inébranlable. En lui confiant nos peurs et nos inquiétudes, nous pouvons éprouver un sentiment de paix qui dépasse toute compréhension. Accrochons-nous aux promesses de Dieu et laissons son amour nous guider à travers chaque saison de la vie.

TÉMOIGNAGE

Un jour, j'ai été le conseiller d'un homme qui disait : « Je ne sais plus qui je suis. J'étais un mari, et maintenant je ne suis rien. » À travers les larmes, nous avons ouvert la Parole et nous avons vu que sa véritable identité n'était pas d'être un mari, mais d'être un fils de Dieu. Lentement, il commença à se reconstruire, non pas comme un échec, mais comme un enfant pardonné du Roi.

En embrassant cette vérité, sa confiance et son sens du but ont été restaurés. Il s'est rendu compte que sa valeur ne dépendait pas de ses erreurs passées ou de sa situation actuelle, mais de l'amour inconditionnel et de la grâce de son Père céleste. À chaque pas en avant, il devenait plus fort dans sa foi et plus sûr de son identité d'enfant bien-aimé de Dieu. Le voyage n'a pas été facile, mais il a trouvé du réconfort en sachant qu'il n'était jamais seul, car Dieu était toujours à ses côtés, le guidant et le fortifiant tout au long du chemin. Et alors qu'il continuait à faire confiance aux promesses de Dieu et à s'appuyer sur son amour indéfectible, il a découvert un nouveau sentiment de paix et de détermination qui a rempli son cœur de joie et de gratitude.

RECONSTRUIRE LA VIE QUOTIDIENNE

Après la tempête du divorce, beaucoup se sentent paralysés. Les rythmes quotidiens de la vie, tels que manger, se reposer et travailler, deviennent de lourds fardeaux. Certains se noient dans l'agitation pour échapper à la douleur ; d'autres se replient sur eux- mêmes et se négligent.

Mais pour ceux qui se tournent vers Dieu pour la guérison et la restauration, il existe un véritable espoir. Tout comme Il a accompagné Son peuple dans le désert, Dieu peut aussi guider et fortifier ceux qui reconstruisent leur vie après un divorce. Avec la foi et la persévérance, ils peuvent retrouver un nouveau sens du but et de la joie, et avancer avec sérénité, confiants dans le plan de Dieu pour leur avenir. En s'appuyant sur Son amour indéfectible et en croyant en Ses promesses, ils peuvent expérimenter une paix qui dépasse toute compréhension, même au cœur de la douleur et des épreuves.

Mais la reconstruction commence par de petits pas de discipline qui donne la vie. La prière et la recherche de conseils auprès d'un conseiller spirituel de confiance peuvent fournir une direction et un soutien en cours de route. Fixer des limites, établir des routines saines et s'entourer d'influences positives peut également aider au processus de guérison. En donnant la priorité aux soins personnels et en se concentrant sur la croissance personnelle, les individus peuvent progressivement reconstruire leur estime de soi et leur résilience. En faisant chaque jour un pas à la fois, avec la foi comme fondement, ceux qui naviguent dans la vie après le divorce peuvent trouver l'espoir et la restauration dans la grâce de Dieu.

Prenez le temps de respirer. N'oubliez pas d'être doux avec vous-même et de vous permettre de ressentir toutes les émotions qui accompagnent ce voyage difficile. Il est important de pratiquer l'autocompassion et le pardon, à la fois envers vous-même et envers votre ex-partenaire. En prenant le temps de respirer et de réfléchir à vos progrès, vous pouvez continuer à avancer vers la guérison et le renouveau. Ayez confiance qu'avec du temps et de la patience, vous sortirez de ce chapitre difficile de votre vie plus fort et plus résilient qu'auparavant. Renouez avec les rythmes de prière, de repos et de nourriture de votre âme. Entourez-vous de proches qui vous soutiennent et qui peuvent vous réconforter et vous encourager pendant que vous traversez cette saison de guérison. N'oubliez pas que la guérison est un processus et qu'il n'y a pas de mal à prendre les choses un jour à la fois. En rétablissant des routines qui nourrissent votre bien-être spirituel, émotionnel et physique, vous pouvez progressivement trouver la paix et la plénitude au milieu de votre douleur. Ayez confiance que la grâce de Dieu est suffisante pour vous porter à travers cette période de transition et de renouveau. Gardez la foi et croyez que des jours meilleurs sont à venir. Prenez soin de votre corps, car il reste le temple de l'Esprit Saint. Recommencez à rêver de choses que vous aimiez autrefois. Ce qui semble être de petits pas sont des graines de restauration.

Ces petites actions finiront par s'épanouir en un sens renouvelé du but et de la joie. N'oubliez pas d'être patient avec vous-même pendant que vous naviguez dans ce voyage de guérison. Entourez-vous d'amis et de membres de votre famille qui vous soutiennent et qui peuvent vous encourager et vous donner de l'amour. Demandez de l'aide professionnelle si nécessaire, que ce soit par le biais d'une thérapie, de conseils ou de groupes de soutien. Vous n'êtes pas seul dans ce processus, et il y a toujours de l'espoir pour des lendemains meilleurs. Continuez d'avancer, un pas à la fois, en sachant que vous méritez la paix et le bonheur.

Je me souviens d'une femme qui, après des décennies dans un mariage sans amour et brisé, s'est finalement retrouvée libre mais vide. « Je ne sais même plus ce que j'aime », a-t-elle avoué. Dieu l'a amenée à suivre un cours de peinture, quelque chose qu'elle avait toujours voulu mais qu'elle avait réprimé pendant des années. À chaque trait de couleur, son âme commençait à guérir. Dieu a utilisé un simple pinceau et une toile pour éveiller la vérité que la vie n'était pas finie.

Cela ne faisait que commencer. En peignant, elle a redécouvert des parties d'elle-même qui avaient longtemps été enfouies sous le poids de la déception et du regret. Chaque œuvre d'art qu'elle a créée était le reflet de ses pensées et de ses sentiments les plus intimes, une représentation visuelle de son voyage vers la découverte de soi et le renouveau. À chaque coup de pinceau, elle a trouvé un sentiment d'utilité et d'accomplissement qui lui manquait depuis si longtemps. La peinture est devenue sa thérapie, son exutoire d'expression et son chemin vers la guérison. Et alors qu'elle prenait du recul et admirait son travail, elle s'est rendu compte qu'elle ne créait pas seulement de l'art, mais qu'elle se créait une nouvelle vie, remplie de couleurs, de beauté et de possibilités infinies.

RECONSTRUIRE LA FAMILLE

Les enfants sont souvent les victimes silencieuses du divorce. Ils causent rarement la séparation, mais ils portent toujours son poids.

L'impact du divorce sur les enfants peut être profond : ils peuvent se sentir confus, blessés et abandonnés. Alors que les parents naviguent dans les complexités de la coparentalité et s'adaptent à leur nouvelle vie, il est essentiel de donner la priorité au bien-être de leurs enfants. L'établissement d'une dynamique familiale forte et solidaire après le divorce exige une communication ouverte, de l'empathie et un engagement à faire passer les besoins des enfants en premier. En créant un sentiment de stabilité, de cohérence et d'amour, les parents peuvent aider leurs enfants à surmonter les défis du divorce et à s'épanouir dans leur nouvelle dynamique familiale. Il s'agit d'un voyage de rétablissement de la confiance, de la résilience et de la connexion, mais, avec du dévouement et des efforts, les familles peuvent en sortir plus fortes et plus unies de l'autre côté.

Pour reconstruire un but après le divorce, il faut regarder dans les yeux des fils et des filles et leur rappeler : « Ce n'est pas de votre faute. Vous êtes aimés. Nous nous en sortirons ensemble. »

Il est important que les parents communiquent ouvertement et honnêtement avec leurs enfants, en les rassurant sur le fait qu'ils ne sont pas à blâmer pour le divorce et qu'ils sont toujours aimés inconditionnellement. La mise en place d'un système de soutien solide pour les parents et les enfants peut également aider à surmonter les défis émotionnels qui accompagnent le divorce. En cherchant une thérapie, en rejoignant des groupes de soutien et en s'appuyant sur leurs amis et leurs familles pour obtenir du soutien, des familles peuvent trouver la force de guérir et d'avancer dans une direction positive. Avec du temps, de la patience et la volonté de travailler ensemble, les familles peuvent créer un nouveau sens du but et de l'unité après le divorce.

Les parents doivent résister à la tentation d'utiliser les enfants les uns contre les autres comme des armes. L'appel de Dieu est de les protéger, pas de les marquer davantage.

Le divorce a peut-être fracturé le mariage, mais il n'a pas à détruire la famille. Un nouveau type de rythme familial peut être construit, ancré non pas dans l'amertume mais dans la paix du Christ.

Ce nouveau rythme peut nécessiter de mettre de côté les griefs personnels et de se concentrer sur le bien-être des enfants. Cela peut impliquer la création de nouvelles traditions et routines qui favorisent un sentiment de stabilité et de sécurité. Il peut également s'agir de demander de l'aide professionnelle ou des conseils pour relever les défis de la coparentalité et de la reconstruction de la confiance. En fin de compte, l'objectif est de créer un environnement sûr et aimant où les enfants peuvent s'épanouir malgré les changements qui accompagnent le divorce. En donnant la priorité aux besoins de la famille dans son ensemble et en s'engageant dans un processus de guérison et de croissance, les familles peuvent sortir du divorce plus fortes et plus résilientes qu'auparavant.

Le Psaume 27:10 dit : « Quand mon père et ma mère m'abandonneraient, l'Éternel me prendra. » Quand les enfants voient leurs parents s'appuyer sur le Seigneur pour se guérir, ils apprennent que la rupture n'est pas la fin. Ils voient la grâce à l'œuvre et trouvent du courage pour leur propre avenir.

RECONSTRUIRE LES FINANCES

Peu de choses secouent autant une vie après un divorce que les finances. Pour beaucoup, le divorce est synonyme de dettes, de partage de biens ou même de pauvreté. La honte de la ruine financière ajoute du poids à la douleur émotionnelle. Pourtant, les Écritures nous rappellent que le Dieu qui a nourri Élie par des corbeaux et soutenu la veuve de Sarepta peut aussi soutenir ses enfants dans les périodes de perte.

Cette disposition peut prendre des formes inattendues, par exemple par le biais d'une nouvelle opportunité d'emploi, d'une communauté qui se mobilise pour apporter son soutien, ou même d'un sentiment de paix et de contentement dans la simplicité. Faire confiance à la provision de Dieu permet aux individus de se débarrasser de l'inquiétude et de la peur qui accompagnent souvent les difficultés financières après le divorce. C'est un rappel que Dieu est fidèle et n'abandonnera jamais ses enfants, même dans leurs moments les plus sombres.

Le but de la reconstruction comprend l'apprentissage d'une nouvelle intendance, d'une nouvelle créativité et d'une nouvelle confiance dans la provision de Dieu. Pour certains, cela peut signifier établir un budget pour la première fois. Pour d'autres, il peut s'agir de se lancer dans l'entrepreneuriat, de se recycler pour une nouvelle carrière ou simplement d'apprendre à vivre avec de nouveaux moyens avec satisfaction.

Quel que soit le chemin spécifique choisi, la reconstruction après le divorce est un voyage de découverte de soi et de croissance. Cela exige de la résilience, de la détermination et une volonté d'accepter le changement. C'est l'occasion de redéfinir son identité, ses priorités et ses objectifs. Au fur et à mesure que les gens naviguent dans ce nouveau chapitre de leur vie, ils peuvent trouver des bénédictions inattendues et des opportunités de croissance personnelle et spirituelle. Faire confiance à la provision de Dieu peut être une source de force et de réconfort pendant cette période difficile. Philippiens 4:19 est un passage biblique qui peut apporter du réconfort pendant cette période difficile de reconstruction après le divorce : « Et mon Dieu pourvoira à tous vos besoins, selon ses richesses, dans la gloire, par Jésus-Christ. » Ce verset nous rappelle que Dieu est notre pourvoyeur ultime et qu'il répondra à tous nos besoins alors que nous traversons cette période de transition. Faire confiance à sa provision peut nous donner la force et la paix dont nous avons besoin pour aller de l'avant avec confiance et espoir.

En s'appuyant sur leur foi et en recherchant le soutien de leurs proches, les individus peuvent trouver le courage d'affronter l'inconnu avec grâce et résilience. C'est le moment de réfléchir sur les erreurs du passé et d'en tirer des leçons, tout en regardant l'avenir avec espoir et optimisme. Grâce à ce processus de reconstruction, les individus peuvent découvrir un nouveau sens du but et de l'épanouissement qui peut finalement conduire à une vie plus épanouissante et plus significative après le divorce.

Il est important de se rappeler que la guérison demande du temps et de la patience et qu'il est normal de demander l'aide d'un professionnel si nécessaire. S'entourer d'influences positives et s'engager dans des activités de soins personnels peut également aider au processus de guérison. En prenant les choses un jour à la fois et en se concentrant sur la croissance personnelle, les individus peuvent sortir de cette période difficile plus forts et plus résilients que jamais.

TÉMOIGNAGE

Un frère m'a dit : « Le divorce m'a pris mes économies, ma maison et la moitié de mes revenus. Mais cela m'a donné une nouvelle confiance en Jéhovah Jireh. Pour la première fois, je sais que Dieu pourvoit vraiment. » Ce que l'ennemi voulait dire pour le mal, Dieu l'a utilisé comme une école de foi.

L'histoire de ce frère nous rappelle avec force que, même au milieu des difficultés et des pertes, il y a toujours une occasion de croissance et de transformation spirituelle. À travers les épreuves et les tribulations du divorce, il a pu approfondir sa foi et sa confiance en Dieu, trouvant du réconfort dans la croyance que le plan de Dieu est plus grand que n'importe quel revers ou lutte. Cette nouvelle perspective lui a permis de voir le bon côté d'une situation difficile, ce qui l'a finalement conduit à un sentiment de paix et de résilience qu'il n'aurait peut-être pas découvert autrement. En période d'adversité, il est important de se rappeler qu'il y a toujours un potentiel de croissance et de renouvellement, même dans les moments les plus sombres. Faire confiance à Dieu et accepter les leçons qui

découlent d'expériences difficiles peut finalement conduire à un plus grand sens du but et à la force face à l'adversité.

RECONSTRUIRE L'APPEL ET LE MINISTÈRE

Peut-être que la blessure la plus profonde du divorce est la croyance que Dieu en a fini avec vous. Beaucoup de croyants divorcés se sentent disqualifiés : « Je ne pourrai plus jamais servir ». Je ne pourrai plus jamais servir. Mais les Écritures racontent une histoire différente.

En fait, certains des plus grands dirigeants de la Bible ont fait face à leurs propres épreuves et revers, pour se relever avec un sens renouvelé de l'appel et du but. Tout comme Job a connu de grandes pertes et souffrances, pour être restauré et béni encore plus abondamment, ceux qui ont vécu le divorce peuvent également trouver la rédemption et la restauration dans le plan de Dieu pour leur vie. C'est à travers ces moments difficiles que notre foi est mise à l'épreuve et affinée, ce qui nous conduit finalement à une compréhension plus profonde de la grâce et de l'amour de Dieu pour nous. Ainsi, au lieu de voir le divorce comme la fin de votre ministère, voyez-le comme une opportunité pour

Dieu de reconstruire et de remodeler votre appel d'une manière qui est encore plus puissante et percutante qu'auparavant. Faites confiance au plan de Dieu pour votre vie et permettez-lui d'utiliser votre histoire de rédemption et de restauration pour apporter de l'espoir et de la guérison à d'autres personnes qui traversent peut-être des difficultés similaires.

Moïse était un meurtrier, mais Dieu l'a fait libérateur. De la même manière, Dieu peut prendre notre brisure et la transformer en quelque chose de beau. Il peut utiliser nos erreurs et nos échecs passés pour apporter sa rédemption et sa restauration dans nos vies. Tout comme Il l'a fait avec Moïse, Il peut prendre ce qui était destiné à nuire et l'utiliser pour le bien. Faites confiance à son plan et ayez foi qu'il peut transformer votre histoire de brisure en un témoignage de sa grâce et de son amour.

David a commis l'adultère, mais Dieu l'a restauré en tant qu'homme selon son propre cœur. Peu importe à quel point nous sommes tombés ou à quel point nous pouvons nous sentir brisés, la grâce de Dieu est toujours là pour nous élever et nous transformer. Tout comme il l'a fait avec David, il peut transformer nos regrets et nos péchés les plus profonds en opportunités de croissance et de renouveau. Faisons confiance à son amour indéfectible et ayons la foi qu'il peut faire quelque chose de beau de notre brisure !

La Samaritaine, avec cinq mariages ratés, est devenue l'un des premiers évangélistes du Nouveau Testament. Si Dieu a pu les utiliser, il peut toujours vous utiliser.

DE LA FAIBLESSE AU TÉMOIGNAGE

Remettons-lui nos erreurs et nos faiblesses passées, sachant que sa puissance est rendue parfaite dans nos faiblesses. Tout comme il a utilisé Moïse, David et la Samaritaine, il peut nous utiliser pour répandre son amour et sa grâce aux autres. Ayons la foi que, grâce à la puissance transformatrice de Dieu, nous pouvons être un phare d'espoir et de rédemption pour ceux qui nous entourent.

Tout comme Dieu a utilisé des personnes imparfaites pour accomplir Ses desseins, Il peut aussi transformer votre brisure et votre douleur en quelque chose de profondément beau. Embrassez le chemin de la guérison et de la transformation, en gardant la certitude que Sa grâce est plus que suffisante pour vous porter à travers chaque étape. Libérez-vous de toute honte et de toute culpabilité, et permettez à Dieu d'agir en vous et à travers vous, afin de faire de votre histoire un témoignage vivant de Sa fidélité et de Sa rédemption. Faites confiance à Son timing et à Son plan parfait pour votre vie, sachant qu'Il demeure à l'œuvre, même au cœur de vos moments les plus sombres.

La Bible est pleine d'histoires de personnes imparfaites que Dieu a utilisées de manière étonnante. Vos erreurs passées ne vous définissent pas, mais servent plutôt de témoignage de la capacité de Dieu à faire renaître la beauté de ses cendres. Embrassez le voyage de la guérison et de la restauration, sachant que Dieu peut utiliser même les parties les plus brisées de votre histoire pour sa gloire. Faites confiance à son amour et à sa grâce indéfectibles et permettez-lui de transformer votre douleur en un témoignage puissant de sa fidélité. « Car je suis persuadé que ni la mort, ni la vie, ni les anges, ni les principautés, ni les puissances, ni les choses présentes, ni les choses à venir, ni les hauteurs, ni les profondeurs, ni aucune autre créature ne pourront nous séparer de l'amour de Dieu qui est en Jésus-Christ notre Seigneur » -Romains 8:38-39.

À chaque saison de la vie, rappelez-vous que l'amour et la grâce de Dieu sont toujours présents. Faites confiance à son plan et sachez qu'il peut utiliser vos erreurs passées pour sa gloire. Embrassez le voyage de la guérison et de la restauration, permettant à Dieu de transformer votre douleur en un témoignage puissant de sa fidélité.

Vos dons sont sans repentance (Romains 11:29). Cela signifie qu'ils ne sont pas retirés en raison d'un échec. Lorsque vous vous repentez, que vous vous faites pardonner et que vous êtes consacré, votre vie devient un témoignage que des vases brisés déversent encore de l'huile.

Alors que vous marchez dans la lumière de l'amour et de la grâce de Dieu, rappelez-vous qu'il est toujours avec vous, vous guidant à travers chaque épreuve et triomphe. Votre passé ne vous définit pas, mais sert plutôt de tremplin vers un avenir meilleur en Lui. Embrassez le voyage de la transformation et permettez à Dieu de vous façonner en un récipient de sa gloire, faisant briller sa lumière à travers votre brisure ! Faites confiance à son amour indéfectible et sachez qu'il est fidèle pour achever la bonne œuvre qu'il a commencée en vous (Philippiens 1:6).

RECONSTRUIRE LA COMMUNAUTÉ

Le divorce isole les individus et les familles en les laissant avec le sentiment d'être seuls et déconnectés. Cependant, en nous rassemblant dans un esprit d'amour et d'acceptation, nous pouvons faire tomber ces barrières et reconstruire un sentiment de communauté. Grâce au soutien et aux encouragements, nous pouvons nous aider les uns les autres à traverser les moments difficiles et, en fin de compte, trouver la guérison et la restauration. Ne nous laissons pas définir par nos erreurs passées, mais concentrons-nous plutôt sur l'amour et la grâce que Dieu nous offre, sachant que nous ne sommes jamais seuls dans notre voyage vers un avenir meilleur.

Les amis choisissent leur camp, les églises se retirent parfois, et la solitude devient une lourde chaîne. Pourtant, la reconstruction nécessite une communauté. Il faut oser entrer à nouveau dans la communion, oser faire confiance à nouveau et oser être vulnérable à nouveau.

Ecclésiaste 4:9-10 dit : « Deux valent mieux qu'un... car s'ils tombent, l'un d'eux relèvera son prochain. » Vous avez besoin de personnes qui vous relèveront lorsque vous tomberez, qui vous rappelleront qui vous êtes en Christ et qui marcheront avec vous pendant que vous reconstruisez.

Il est si important de reconstruire la communauté et la communion et de rapprocher ceux qui sont divorcés de la communion afin qu'ils ne se sentent pas rejetés. La création d'un espace sûr et accueillant pour les personnes qui ont vécu le divorce est essentielle pour reconstruire la communauté. En faisant preuve d'amour et de compassion, nous pouvons aider les individus à voir que leur valeur n'est pas définie par leurs relations passées. Rassemblons-nous pour nous soutenir et nous élever les uns les autres, sachant que l'amour de Dieu est toujours présent, nous guidant vers un avenir rempli d'espoir et de guérison ! Soyons les mains et les pieds du Christ, étendant la grâce et la compréhension à tous ceux qui ont besoin de restauration et de connexion. « Pour ceux qui n'ont pas de péché, qu'ils puissent jeter la première pierre » (Jean 8:7) ! C'est à travers ce message de pardon et de grâce que nous pouvons nous rassembler dans la communion, en nous acceptant les uns les autres sans jugement. Créons une communauté où tous sont accueillis et valorisés, quelles que soient leurs erreurs passées. Ce faisant, nous pouvons nous aider les uns les autres à guérir et à grandir, sachant que l'amour de Dieu est toujours là pour nous guider vers un avenir meilleur. Ensemble, nous pouvons nous soutenir les uns les autres et nous élever les uns les autres, sachant que l'amour et la grâce de Dieu sont toujours présents. En reconstruisant la communauté et en favorisant un esprit d'unité et d'acceptation, nous pouvons créer un espace sûr pour la guérison et la croissance.

Rassemblons-nous dans la foi et l'amour, confiants dans le plan de Dieu pour la restauration et le renouveau dans nos vies et nos relations !

VISION PROPHÉTIQUE POUR L'AVENIR

Reconstruire la vie et le but ne consiste pas à revenir à ce qui a été perdu, mais à entrer dans ce qui est nouveau. Dieu ne se contente pas de restaurer ce qui était ; Il se multiplie. Joël 2:25 n'est pas seulement une promesse poétique, mais un décret prophétique

: « Je te rendrai les années que la sauterelle a mangées. »

En allant de l'avant avec foi et espoir, nous pouvons envisager un avenir rempli d'abondance et de bénédictions au-delà de ce que nous pouvons imaginer. Cette vision prophétique de l'avenir est une vision de restauration, de renouveau et de rédemption. C'est une vision de la fidélité et de la provision de Dieu, alors qu'il promet non seulement de restaurer ce qui a été perdu, mais aussi de le multiplier d'une manière qui dépasse nos rêves les plus fous. Accrochons-nous à cette vision alors que nous cheminons vers la guérison et la plénitude, en faisant confiance au moment parfait de Dieu et au plan pour nos vies. !

La restauration ne signifie pas « remplacer l'ancien par le même ». Cela signifie une nouvelle récolte, de nouvelles relations, de nouveaux rêves et une nouvelle joie. Vos dernières années peuvent être plus grandes que vos anciennes. Si nous marchons dans la foi et l'obéissance, Dieu apportera une transformation dans nos vies qui dépassera de loin tout ce que nous aurions pu imaginer. La restauration qu'il offre n'est pas simplement un travail de rafistolage, mais une refonte complète qui apporte de nouveaux départs et de nouvelles opportunités. Accueillons cette vision de restauration avec espoir et attente, sachant que les promesses de Dieu sont vraies et que ses bénédictions sont abondantes ! Puissions-nous envisager l'avenir avec confiance, sachant que Dieu est fidèle à accomplir tout ce qu'il a dit dans nos vies ! « Car je te rendrai la santé et je te guérirai de tes plaies », dit le Seigneur dans Jérémie 30:17.

Dans les moments de difficultés et de rupture, il est réconfortant de savoir que Dieu promet la restauration et la guérison à ceux qui lui font confiance. Peu importe ce que nous avons traversé, Dieu a le pouvoir d'apporter une nouvelle saison de bénédiction et d'abondance dans nos vies. Accrochons-nous à cette promesse tout en croyant que la restauration de Dieu est non seulement possible, mais inévitable pour ceux qui placent leur foi en Lui.

TÉMOIGNAGE

Une fois, j'ai entendu un homme prier après son divorce : « Seigneur, laisse-moi revivre avant de mourir. » Dieu a répondu en lui donnant non seulement la paix, mais aussi un nouveau but : il a commencé à encadrer les jeunes hommes de son église, déversant en eux la sagesse achetée par la douleur. Ses larmes sont devenues des graines de transformation pour les autres.

Puissions-nous aussi avoir la foi de croire que Dieu peut apporter de la beauté à nos brisures, et qu'il peut utiliser nos luttes pour apporter de l'espoir et de la guérison à ceux qui nous entourent ! Tout comme cet homme a trouvé un nouveau but et un nouvel appel dans sa saison de perte, puissions-nous aussi croire que Dieu a un plan pour racheter et restaurer chaque partie de nos vies ! Tenons-nous fermement à la promesse que Dieu travaille toujours pour notre bien, même au milieu de nos moments les plus sombres.

LE MOT DE LA FIN

Le divorce a peut-être mis fin à un mariage, mais il ne met pas fin à votre vie, à votre appel ou à votre histoire. Le Dieu de l'alliance est aussi le Dieu des nouveaux commencements. Celui qui a ressuscité Jésus d'entre les morts peut ressusciter votre vie de ses cendres.

Tout comme l'homme de l'histoire a trouvé un nouveau but et un nouvel appel après sa perte, nous pouvons aussi croire que Dieu a un plan pour racheter et restaurer chaque partie de notre vie. Nous devons nous accrocher à la promesse que Dieu travaille toujours pour notre bien, même au milieu de nos moments les plus sombres. Le divorce a peut-être mis fin à un mariage, mais il ne nous définit pas. Notre appel et notre histoire ne sont pas terminés. Le Dieu de l'alliance est aussi le Dieu des nouveaux commencements, capable de faire renaître notre vie de ses cendres comme il a ressuscité Jésus d'entre les morts.

Alors relevez-vous ! Rêvez à nouveau ! Amour encore. Resservir. Car ton Dieu est toujours avec toi, ton alliance avec Lui reste intacte, et ton avenir n'est pas derrière toi mais devant toi. Prenez courage et ayez la foi, car les épreuves et les tribulations de ce monde sont temporaires, mais l'amour et la miséricorde de Dieu sont éternels. Embrassez le voyage à venir avec espoir et courage, sachant que Dieu est toujours à vos côtés, vous guidant vers un avenir meilleur ! Gardez les yeux fixés sur les promesses de Dieu, car il est fidèle et ne vous abandonnera jamais ! Faites confiance à son plan pour votre vie et croyez qu'il transformera votre deuil en danse et votre chagrin en joie ! Lève-toi, enfant de Dieu, et marche dans la lumière de sa grâce, car tes meilleurs jours sont encore à venir !

PARTIE IV

MOT DE LA FIN

Conclusion

DES CENDRES À LA BEAUTÉ

Ce livre a été l'un des plus difficiles que j'aie jamais écrit. Le sujet du divorce et du remariage touche certaines des blessures les plus profondes de la vie humaine. Il porte en lui la douleur, la confusion, la culpabilité et même la honte. J'ai marché prudemment, avec la crainte de Dieu, parce que ce ne sont pas seulement des débats théologiques, mais de vraies vies, de vraies larmes et de vraies familles.

Permettez-moi d'être absolument clair : le but de ce livre n'est pas d'encourager le divorce. Il ne s'agit pas d'ouvrir une porte pour que les gens échappent à l'alliance à la légère ou d'offrir des excuses à l'égoïsme. Le cœur de Dieu est toujours pour l'alliance, toujours pour la restauration et toujours pour la réconciliation partout où c'est possible. Dès le début, il n'était pas ainsi que les mariages devaient être brisés. Le divorce attriste le cœur de Dieu parce qu'il brise l'alliance qu'il a conçue pour refléter son propre amour pour son peuple.

Et pourtant, en tant que pasteur et berger, je ne pouvais pas ignorer la réalité que beaucoup d'enfants de Dieu souffrent, pas toujours à cause de la rébellion, mais souvent à cause de l'ignorance. Trop de gens ont vécu dans la confusion, incertains de ce que les Écritures enseignent vraiment. Trop de gens ont été écrasés sous la condamnation, se croyant à jamais disqualifiés à cause des échecs passés. Trop de gens ont enduré les abus et la trahison en silence, à qui on a dit que parler serait déshonorer Dieu, alors qu'en fait, Dieu lui-même avait déjà déclaré : « Je vous ai appelés à la paix. »

Si vous avez parcouru ce chemin douloureux, je veux vous dire de tout mon cœur : je suis désolé. Désolé que l'Église ait souvent prononcé plus de paroles de jugement que de guérison. Désolé que le silence ait parfois remplacé le pastorat et que la honte ait remplacé la compassion. Désolé d'avoir été laissé à porter des fardeaux que le Christ lui- même est venu soulager.

Ce livre a été écrit pour vous non pour banaliser l'alliance, mais pour l'honorer correctement ; non pas pour trouver des excuses au péché, mais pour magnifier la grâce de Dieu qui rachète les pécheurs ; non pas pour fermer la porte du ministère, mais pour ouvrir la porte de la restauration. Ma prière est qu'à travers ces pages, la vérité de l'Écriture ait apporté de la clarté et que l'Esprit de Dieu ait murmuré de l'espoir.

Le divorce n'est jamais la fin de l'histoire de Dieu. Même dans les cendres, Il est à l'œuvre. Il restaure les années que les sauterelles ont mangées. Il guérit les cœurs brisés. Il donne la beauté pour la cendre, l'huile de joie pour le deuil et le vêtement de louange pour l'esprit de tristesse (Ésaïe 61:3). Il fait couler les ruisseaux dans les déserts et fait naître la résurrection de la mort.

Si vous êtes marié, que ce livre vous appelle à garder farouchement votre alliance. Si vous êtes divorcé, qu'il vous rappelle que vous n'êtes pas au-delà de la grâce. Si vous êtes remarié, qu'il vous guide pour honorer l'alliance dans laquelle vous vous trouvez maintenant avec sainteté. Si vous êtes un leader, puisse-t-il vous équiper pour paître le troupeau de Dieu avec vérité et compassion.

Surtout, que ce livre vous laisse de l'espoir. L'espoir que l'échec n'est pas définitif. L'espoir que les cicatrices puissent devenir des témoignages. L'espoir que votre histoire, aussi brisée soit-elle, puisse devenir un autel de la puissance rédemptrice de Dieu.

De l'alliance à la rupture et de la rupture à l'alliance, c'est le voyage de la grâce. Que le Dieu qui garde l'alliance, qui rétablit les mariages, qui guérit les blessures et qui rachète les histoires prenne vos cendres et les rende belles !

ÉPILOGUE

UNE PRIÈRE ET UNE CHARGE PROPHÉTIQUES

Bien-aimés du Seigneur, si vous avez parcouru les pages de ce livre, vous avez traversé des vallées et des montagnes. Vous avez affronté la douleur des alliances brisées et l'espoir du rétablissement. Vous avez vu la gravité du mariage, la tragédie du divorce et la puissance de la grâce rédemptrice de Dieu. Maintenant, lorsque vous fermez ces pages, je ne veux pas que vous fermiez simplement un livre, je veux que vous ouvriez votre cœur à l'Esprit de Dieu qui fait toutes choses nouvelles.

Je relâche sur vous cette charge prophétique : votre passé ne vous définit pas. Vos cicatrices ne sont pas votre identité. Vos échecs ne déterminent pas votre destinée. En Christ, vous n'êtes pas marqué par le divorce, la trahison, l'abandon ou la honte. Vous portez un nom d'alliance : aimés, choisis, rachetés et restaurés.

Je vous appelle maintenant à renaître de vos cendres et à reconstruire. Reconstruisez votre vie sur le Rocher qui ne peut être ébranlé. Reconstruisez votre autel familial avec la prière, l'adoration et la Parole. Reconstruisez votre identité non pas sur les décombres d'hier, mais sur les promesses de Dieu qui sont oui et amen en Jésus-Christ.

Si vous êtes un lecteur marié, protégez votre alliance avec une sainte crainte et un amour passionné. Si vous êtes divorcé, marchez dans la liberté du pardon et l'espérance de la restauration. Si vous êtes remarié, honorez l'alliance dans laquelle vous vous trouvez maintenant avec fidélité et grâce. Et si vous êtes appelé à marcher seul pendant un certain temps, faites-le avec joie, sachant que vous êtes complet en Lui.

Et maintenant, je prie pour vous : *Père, au nom de Jésus, j'élève chaque lecteur de ce livre. Là où il y a eu de la douleur, apportez la guérison. Là où il y a eu honte, libérez la grâce. Là où il y a eu confusion, apportez de la clarté. Là où il y a eu des pertes, restaurez avec abondance. Je brise le pouvoir de chaque malédiction générationnelle, de chaque autel de brisure et de chaque mensonge de l'ennemi et je déclare la liberté en Christ. Je libère la paix dans les foyers, la restauration dans les mariages et l'espoir dans les cœurs. Seigneur, suscite une génération qui honorera l'alliance, qui reconstruira des familles et qui transformera les nations. Que chaque cicatrice devienne un témoignage et que chaque alliance rompue devienne un autel de ta puissance rédemptrice ! Au nom puissant de Jésus, amen.*

Allez maintenant dans la force du Seigneur ! Créez, reconstruisez et restaurez Car votre histoire n'est pas terminée. Dieu est en train d'écrire un nouveau chapitre, et entre ses mains, vos cendres deviendront beauté.

MATIÈRE ARRIÈRE

À propos de l'auteur

Dr Jean Héder Petit-Frère est un pasteur, un visionnaire, un auteur et un ambassadeur du Royaume avec plus de 30 ans d'expérience dans le ministère. Il est le fondateur du *Centre Diplomatique Famille Tabernacle de Louange* (CDFTL) et de l'Académie Chrétienne Jubilee en Haïti et le leader visionnaire du Kingdom Leadership Institute, une école ministérielle dédiée à l'éducation et à l'équipement des leaders pour les nations.

Écrivain et enseignant prolifique, le Dr Héder est l'auteur de plusieurs livres sur l'identité du royaume, le leadership et la transformation spirituelle. Par le biais de son émission de radio et *de médias Discovering the Kingdom,* il atteint des auditoires du monde entier avec un message d'espoir, de détermination et de la réalité inébranlable du Royaume de Dieu.

Connu pour sa perspicacité prophétique et son cœur pastoral, le Dr Héder exerce son ministère avec un mélange unique de profondeur biblique, de sagesse pratique et de compassion guidée par l'Esprit. Sa mission dans la vie est d'élever des leaders, de transformer des vies et d'inspirer des générations à marcher dans leur destin donné par Dieu.

Il est marié à Marcia Elaine Petit-Frère, et ensemble ils ont trois enfants adultes. Ils continuent à travailler pour le Royaume avec une vision qui traverse les nations et les générations.

AUTRES ŒUVRES DE L'AUTEUR

- *Le manuel d'un ambassadeur du roi*
- *Le pouvoir judiciaire de la résurrection*
- *La révolution identitaire*
- *La fabrication d'un père*
- *Le raccourci Airbnb*
- *Frère de sang avec le Christ (à paraître)*
- *La grâce au-delà du divorce (ce volume)*

D'autres titres sont en cours de développement dans le cadre d'une série conçue pour aider les croyants à marcher dans l'identité, le but et la transformation du Royaume.

RÉFÉRENCES

QuillBot. (2025). *Flux QuillBot.* (version d'octobre 2025) [Grand modèle de langage].

Extrait le 15 octobre 2025 de https://quillbot.com/flow

www.ingramcontent.com/pod-product-compliance
Lightning Source LLC
Chambersburg PA
CBHW072155070526
44585CB00015B/1145